JN090543

多文化ファシリテーション

多様性を活かして学び合う教育実践

秋庭裕子
米澤由香子

編著

明石書店

はじめに

　本書は、多文化環境における協同学習のファシリテーションで検討すべきさまざまな側面を論ずること、そしてそれらの側面から多文化間協同学習の実践の向上につながる具体的な方法を提案することの二つを目的としてつくられました。執筆者は、日本あるいは海外で大学教育、高等教育の国際化、国際教育、異文化間教育、開発教育、多文化間カウンセリング等のさまざまな分野の研究や教育実践に携わってきた人々です。彼らが日々の授業や課外活動で学習者の多様性❶と接し、時には失敗をしながら改善を重ねてきた教育経験をふまえ、また関連する先行研究に依りながら、多文化環境の協同学習におけるファシリテーションの意義や方法を述べています。

　近年、大学教育においては、学習者の文化的多様性を取り入れた学習活動がますます重視されてきています。これは、人種や民族、国籍、宗教などの違いを超えて人として自らを尊重し、他者を尊重する地球市民を育成することを教育の目的とする高等教育全体の流れに沿うものです。そもそも、このような目的意識が生まれる以前から、世界中の大学ではさまざまな意図や必要性から、文化的に多様な学生をキャンパスに迎え入れるための大学国際化が組織的に取り組まれてきました。しかし、そのような壮大な努力により実現した文化的に多様なキャンパス環境には、現代の目標に照らしてみると多くの課題が残されています。例えば、文化的に多様なキャンパス環境が築かれたとして、それがその大学の具体的な学習場面の構築とうまく結びついているのか、文化的に多様な学生を個々のクラスに適切に迎えることができているのか、そしてもっとも重要なことに、多様な学生一人ひとりが実りある学習成果を達成できるようなカリキュラムや学習環境が十分に検討し設計されているのか、などの問いに自信をもって応えられるところは、それほど多くないでしょう。日本の大学界は、1980年代の「留学生10万人計画」以来、キャンパスの文化的多様性を物理的に高めることに40年以上の時間をかけてきました。しかし、次の段階である、個々の学びの現場に見られる学習者間の文化的多様性を学びに十分に活かすというゴールへの道のりは、まだまだ険しいといえます。しかも、急速に変

化し続ける高等教育へのニーズをふまえれば、改革にこれまでと同じような時間をかけている余裕もないでしょう。21世紀の大学界全体の目標である、地球市民を育てることに適した学習環境の設計を、効果的、効率的に進めるには、授業を計画実践する教員などが、学習者の学びをうながすファシリテーターとしての自らの役割を意識し、この役割を担うための心構えや実践的な手法を習得することがまずは重要だと考えます。

　上述のような趣旨に沿い、多文化間協同学習のファシリテーションに関する必要なポイントを押さえるため、本書は二つのパートから構成されています。第1部は、多文化環境における学習のファシリテーションにおいて意識を向けるべきことを、章に分けて取り上げています。具体的には、国内外の先行研究で多文化間協同学習ファシリテーションがどのように定義づけられ、論じられているか（第1章）、多文化間協同学習ファシリテーションをおこなうファシリテーターが身につけるべきスキルや態度とは何か（第2章）、多文化環境での学習のファシリテーションにおいてはどのような倫理的側面を検討するべきか（第3章）、多文化間協同学習におけるファシリテーターには誰がなりうるか（第4章）、多文化環境の学びの「場」をつくる時に意識すべきことは何か（第5章）、多文化間協同学習で起こりうる学習グループ内の衝突（コンフリクト）をどのように学びに活かすことができるか（第6章）、多文化間協同学習では問いをどのように効果的に用いることができるか（第7章）、といったトピックが展開されています。さらに第1部の最後（第8章）には、執筆者6名が自らのファシリテーションの経験を振り返ったうえで、各章で述べきれなかったことを語り合った座談会の模様を掲載しています。

　第2部は、組織のファシリテーションをテーマにしています。大学教育マネジメントに関する豊富な経験をもつ執筆者2名が、それぞれ日本の大学におけるファシリテーション（第9章）、ミネソタ大学を事例としたアメリカにおける組織のファシリテーション（第10章）について論じています。教員が自発的に文化的多様性を活かした授業や活動をしていたとしても、組織としてそのような教育や活動を推奨し育む土壌がなければ、自発性は持続しないでしょう。そのために組織として何ができるのかということについて、DEI（Diversity, Equity and Inclusion：多様性、公平性と包摂性）の観点から、いくつかの事例とともに考

察しています。

　文化的に多様な学習環境はそれ自体が豊富な学習リソースになりうるというのが、執筆者一同の信念です。そのリソースを学習者の学びに十分に活かすためのファシリテーションの基本を多面的に知り、実践に移すことで学生の豊かな学びに貢献したいという方々にとって、本書がなんらかのきっかけやヒントを提供できれば幸いです。そしてさらには、本書を手に取ってくださった方々によって学びのコミュニティが築かれ、そのコミュニティでの相互交流を通して、より多くの教育現場で洗練された多文化環境の協同学習が展開されていくことを心から願っています。

編著者

本書籍は科学研究費（基盤研究 B）「多文化共生社会に求められる大学教員のファシリテーション能力向上に向けた実践研究」(20H01694) の助成を得て実施した研究や研修成果を構想の基としています。

【関連用語表現について】

　本書では、文化的多様性を表す用語として、「言語的・文化的多様性」「多文化環境」「多文化学習」などをその章の文脈に応じて使い分けています。また、英語の関連用語である "intercultural", "multicultural", "cultural diversity" なども、親しみのある表現を心がけたことから「言語的・文化的多様性」「多文化環境」「多文化学習」という表記にしました。全体として、「異文化」という日本語表現はできるかぎり使用しないようにしていますが、文脈や先行研究をふまえた論述が必要なところでは、それがふさわしいと判断された場合に「異文化」という表現を用いています。例えば、異文化間能力 (Intercultural competence)、異文化間トレーニング (Intercultural training) といったものがそれにあたります。

注

❶ 一般に、人の多様性のうち学習に関わるものには、個人の学習上の性質や志向や経験、身体的特徴、信条や教育学習上の哲学なども含まれますが、本書では複数の学習者が学びのために集まった時に彼らの間に認められる、文化的あるいはそれに関連する言語的な多様性を主眼に置いています。

多文化ファシリテーション
―多様性を活かして学び合う教育実践―
目　次

第4章　協同学習のファシリテーター

米澤　由香子　66

第5章　学びの「場所」と「場」づくり

第6章　グループコンフリクトを学びに活かすファシリテーション

第7章　問いで学びをうながす

秋庭　裕子　122

第8章　多文化環境での協同学習ファシリテーション座談会

参加メンバー：秋庭　裕子、太田　浩、川平　英里、中井　俊樹、平井　達也
聞き手：米澤　由香子　137

第2部

組織で取り組む多文化学習環境のデザイン

第9章　組織のファシリテーション
―日本の大学の場合

近藤　祐一　154

第 10 章 組織のファシリテーション
―ミネソタ大学（アメリカ）の場合

マイケル・ゴー（秋庭　裕子訳）　　166

第1部
多文化間協同学習ファシリテーションの多様な側面

第 1 章

教育のファシリテーションとは何か

多文化間学習に着目して

太田　浩

はじめに

　この章では、ファシリテーションとは何なのか、それをおこなうファシリテーターとはどんな役割を担うのか、といった普段使っている用語についてあらためて考えてみたいと思います。まずは広い意味でのファシリテーションとファシリテーターの定義について振り返ります。そのうえで、教育、多文化間学習と領域や対象を絞りつつ、ファシリテーションとファシリテーターの役割と活動について具体的に検討する際に参考となるべきものを示します。

1.1　ファシリテーション

1.1.1　ファシリテーションとは

　協働的な学び、主体的・対話的な学びを育むうえで、教員のファシリテーション能力はますます重要になっています。そこで、ファシリテーションとは何かということについて、まずはその定義から考えていきます。ファシリテーション（facilitation）は、何かを「促進する」、物事を「容易にする」という意味の動詞であるファシリテート（facilitate）の名詞形で、物事を効率的に促進したり、円滑に進めたりするための働きかけや支援を指しています。しかし、教育に携わっている者がファシリテーションという言葉から思い浮かべるのは、ワークショップの際に進行役がグループワークやアクティビティが円滑に進むように参加者に対しておこなうなんらかの働きかけではないでしょうか。体験型・参加型の学びの場では、進行役のファシリテーションによって、グループ

内の意思疎通や参加者の学習成果（グループとしての学習成果を含む）の向上が期待されているとも言え、その進行役がファシリテーターと呼ばれます。

　井上（2021; vi）はファシリテーションを「人びとが集まって、やりとりをしながら共同で何かを行う時に、コミュニケーションの場を保持し、そのプロセスに働きかける取り組み・仕組み・仕掛け」と定義しています。また、対象を人だけでなく、物事にまで含めることで「ファシリテーションを、コミュニケーション環境の設計思想と捉えることが可能になる」としています（井上, 2021; vi）。ファシリテーションは当初、ワークショップに組み込まれた機能として使われ始めましたが、ワークショップが多様な現場で実践されるに伴い、「ワークショップの進行役の働き」から「汎用的な機能」として捉えられるようになり、「特定の現場で発揮される属人的な熟練技」から「誰でもトレーニングを受けて使える技法」となりました（井上, 2021; ix）。

　星野（2010）はファシリテーションの対象を個人とグループとしたうえで、ファシリテーションを学習の援助促進としています。ここでの学習は何を学ぶかという内容レベルのものだけでなく、人としての気づきや成長に関わることで、どう生きていくかに関することと広く捉えています。そのプロセス（過程）で人は自分の姿を探り、ありたい方向を模索しつつ生きていますが、最終的には個々人の生き方、あり方の決断に委ねられます。その際に援助が求められることが多く、それを促進するものとして対象となる人との関わりを含めてファシリテーションと位置づけているのです。グループを対象とした場合も、グループが目標達成に向けて、自らの意思で決定し、行動していくことを援助促進する（グループの成長を促進する）ことをファシリテーションとしています。また、星野（2010）はファシリテーションにおける人・グループとの関り方を重視しており、指示や命令ではなく、本人の意思や主体性を尊重するようなアプローチを強調しています。

　また、中野ら（2020）はファシリテーションをスキルと捉え、「遠慮なく発言し参加できるような場をつくり、円滑なコミュニケーションで意見や感情のやりとりをスムーズにし、協働や共創の過程を実り多いものになるよう促す技法」（pp.2-3）と定義しています。そこでは誰かが一方的に教えるのではなく、参加者が皆、対等に近い立場で発言できるようにすることで、共に学び合える

場をつくることが肝要としています。さらに、三田地 (2016) は、「ファシリテーションで目指す場づくりとは、参加者にとって「意味ある場」となること、つまり参加者にとって意図したものが機能する場である」(p. ii) としています。

　以上のような先行研究から、ファシリテーションは、ワークショップや教育現場を問わず、人々が集まって協同学習をする際、個人だけではなく、グループを対象として参加者の意思や主体性を尊重しつつ、対等な関係から意図的なコミュニケーションを図ることで、参加者にとって「意味ある場」となるよう、意図的に介入する援助、支援と捉えることができます。

1.1.2　ファシリテーターの役割：学びのプロセスを意識する

　ファシリテーターという言葉は、2000年代の中盤以降、日本国内で広く使われるようになりましたが、元々は人間関係トレーニング (T グループ❶など体験学習で進められるトレーニング) の場で、プログラムの進行役のスタッフを称していました (星野, 2010)。今では、ファシリテーションが各種人材育成、チームづくりやプロジェクト、組織開発、地域や多様な分野で活用されるようになり、ファシリテーターと名乗らなくても、ファシリテーションの機能を、その場に応じて活用するケースが増えています (中野ら, 2020)。

　牧野 (2021) は、ファシリテーターを「共同的な作業のコンテンツではなくプロセスに中立的に関わり、対等で平等な関係づくりと共同作業ができるように、また共同作業の成果と個々人の学びがより豊かになるように、状況に応じた適切な支援を行っていく存在である」(p. 87) と定義しています。上記のコンテンツは内容・課題、プロセスは関係的過程と言い換えることもでき、人はいつもこの両者との絡み合いの中に置かれています (星野, 2010)。例えば、学生は学習 (コンテンツ) をしながら、自分の心や感情の変化 (プロセス) に影響を受け、教員、同級生、先輩、後輩、友人との関係 (プロセス)、また、サークル、ゼミ、実験室の中で自分や周りの人たちのありよう (プロセス) に気を使っている。よって、コンテンツとプロセスは車の両輪のような関係にあり、前述の通り、ファシリテーターはプロセスに関わる人です (星野, 2010) (コンテンツとプロセスの詳細については、第5章を参照ください)。

　上記のプロセスの事例には、「コンテンツ・レベル」のものと、「関係レベル」

のものがあります。前者のコンテンツ・レベルは学習がどのように進んでいる
か、うまく進んでいなければ何が問題になっているかといった学習のやり方な
ど進行中に起こっていることがファシリテーションの対象となります。ファシ
リテーターは、学習の成果が上がっていない時に、やり方や進め方について指
示命令をするのではなく、本人やグループが自分たちで問題を見つけ、解決で
きるように援助をすることになります。後者の関係レベルのプロセスは、個人
やグループの心理的側面、自分では気づきにくい内面で起こっていることが対
象となり、ファシリテーターの役割は、その人やグループの気づきを促進する
こと（気づきが容易になるような場づくり）になります。肝心なことは、気づくの
はその人やグループ自身であり、ファシリテーターが踏み込んで気づかせるの
ではないということです。よって、ファシリテーターは脇役であって、主役は
援助を受ける個人やグループであり、何かを実現しようとする相手、問題解決
を図ろうとする相手に対して、自らその目標が達成できるように関わるのが
ファシリテーターです（星野, 2010）。そのため、ファシリテーターは学習者の
学びの場に対して、柔軟に即興的に対応する必要があります。

1.1.3　ファシリテーターの心構え：学びのプロセスを意識する

「ファシリテーターの資質」について、金（2001）は次のように述べています。

1.　ファシリテーターは自分自身を意識化でき、自らについて心を開いて他
　　者に話すことができ、自らをよく理解していること
2.　上記を前提に、あるがままに自らを受け入れ、他者についても私心や偏
　　りなく理解し、同様にあるがままに受け入れることができること
3.　自らを受容、信頼できてこそ（self-esteem）、ワークショップという相互
　　作用の中で、起こることを歪みなく読み取ることができ、適切な介入
　　（ファシリテーション）をおこなうことで関わる人々に内在している力を引
　　き出すことができる（empowerment）

　金（2001）の論考で興味深いのは、ファシリテーターの資質としてスキルで
はなく、他者との関係性の構築以前に、ファシリテーター自身の自己との関わ
り、特に、自己肯定感、自己受容性という点から素養とあり方（being）に着目

している点です。

　また、以下の中野 (2003) による「ファシリテーターの役割と心構え」も具体的で参考になります。金に対し、中野はファシリテーターのスキル的側面から言及しています。

1. 場を支配したり、コントロールしたりするのではなく、その場全体をホールドする (保つ、支える)：誰がその場をホールドしているのかが明確でなければ、参加者は不安になる
2. 参加者が存分に可能性を発揮し合える安心 (精神的) かつ安全 (物理的) な場づくりを担い、進行促進していく役回り

　星野 (2010) は自らの実践経験から「ファシリテーターの行動基準や心得」として網羅的に以下のような点をあげています。

1. 参加者 (相手) 中心：相手の心理的、物理的状況をそのまま受け取ること
2. 個の尊重：相手がもっている能力を自ら引き出せるように関わる (助ける) こと
3. 非評価の姿勢：ファシリテーションはプロセスに関わることから、プロセスが評価の対象になりえないことを理解し、参加者を評価的視点から見ないこと
4. 非操作の姿勢：ファシリテーションの関心は、相手のありたい方向であり、それを見つけ出しやすいように関わるべきであり、自分の思う方向や期待する姿に操作すべきではない
5. 主体的な存在：相手の立場に立ちつつも、自己内のプロセス (その時々に自分の中で起こっていること) に気づいており、それに忠実に行動できること
6. 共感的な存在：精神的に相手とともにあること。ただし、相手がファシリテーターに依存するのではなく、相互依存の関係が望まれる
7. 観察と状況の把握：変化する相手の表情や態度、グループの様子などを注意深く観察し、相手やグループの中で起こっていることを把握できる

こと

8.　柔軟性、勇気、決断：相手のプロセスの変化に応じて、自己の既成概念にとらわれず、柔軟に行動できること。時と場合によっては、勇気と決断が求められる

9.　双方向のコミュニケーション：相手に平易な言葉で語りかけ、相手の主張に耳を傾け、反応すること。相手の価値観や枠組み（規範）を理解し、自分のものと相対化できること（自分の価値観や枠組みを自覚していることが前提）

10.　親密さ、楽観的かつ開放的な姿勢：ファシリテーターが親しみやすく、楽観的であれば、相手は安心感をもち、開放的になり、自己を見つめやすくなる

　以上のことから、ファシリテーターはあくまで脇役であって、主役は参加者（相手）やグループであり、ファシリテーターは、その場その場で自分の役割と行動の仕方を常に意識し、自らの行動が参加者（相手）やグループにもたらす影響について考えが及ぶようにしておくことが肝心でしょう。また、ファシリテーターは、「意味ある場」を提供しても、その場をどう活かすかは、参加者（相手）やグループに任せるぐらいの心づもり（忍耐）が求められます。

1.1.4　教育ファシリテーターとは

　これまで、マクロな視点からファシリテーションの定義や役割などを見てきましたが、ここからは教員の役割に着目して、教育におけるファシリテーションについて考えていきたいと思います。津村（2010）は、教育者像を機能別に以下の四つのタイプに分けたうえで、これらの機能を臨機応変に、かつ効果的に使える人材を「教育ファシリテーター」と呼んでいます。

1.　教授者（伝達・指示型かつコンテンツ志向）：詳細な教材研究のもと、適切に知識を伝達することができる教育内容と方法を身につけた者

2.　コンサルタント（伝達・指示型かつプロセス志向）：プロセスを適切に観察・吟味し、そこで起こっている問題を指摘したうえで、授業運営、学校経営に生かせる者

3. インストラクター（参加・対話型かつコンテンツ志向）：インターンシップ、
   フィールドワークなど現場での体験を活用して学ぶべき（教えるべき）こ
   とが明確となっている教育プログラムを実践できる者
4. ファシリテーター（参加・対話型かつプロセス志向）：学習者が主体的に学
   ぶことができる教育プログラムや学習環境づくりをおこない、対話を
   ベースに学習者の可能性を共に探りながら、学習者の自己実現を可能に
   することができる者

　ここで注目したいのは、1の教授者から4のファシリテーターへシフトする
場合です。従前の教員養成プログラムでは、適切に知識を伝達できるようにな
る教育方法を学ぶ「教授者」養成が中心でしたが、今日ではコミュニケーショ
ン能力やチームワーク能力など対人関係能力が重視されるようになり、学習者
のプロセスを尊重し、学習者と共に学ぶ姿勢とスキルを備えた「ファシリテー
ター」の養成が強く求められています。このシフトを起こすためには、成果・
結果主義的な教える教育から学習者が体験を通して考えていることや感じてい
ることのプロセスに目を向け、学習者との対話によって信頼を高めるためのコ
ミュニケーション・スキルなど、さまざまな実践的援助スキルを身につける必
要があります（津村, 2010）。つまり、これからの教育ファシリテーターは、対
話による学習を促進することが求められ、そのためには、学習者と共に体験し
ながら、そこに起こるプロセスに気づく感受性とその気づきを活かして、学習
者の成長をうながすための介入的スキルを高めることが重要です。

1.2　多文化間学習におけるファシリテーション

1.2.1　多文化間学習のファシリテーションとは

　多文化間のファシリテーションについては、ベネット（Bennett, 2012）が語源
も含めて興味深い解説をしています。ファシリテーションという言葉には、
「舞台の上の賢者ではなく、脇役のガイドが舞台の袖にいる」という含意があ
り、これはファシリテーターが舞台に立たなければ、学習者は自分で答えを見
つけることができるということを示唆しています。たしかにそういう場合はあ

りますが、多様な文化的背景をもった人たちがいる中でファシリテーションを
する場合、ファシリテーターは、舞台上の賢者であると同時に舞台袖のガイド
でもあり、ほかにも多くの役割を担っていると主張しています（Bennett, 2012）。
実際に、ファシリテーター（ここで言う知識豊富な賢者）が新しい文化を体験す
る学習者に多くの学びの支援を提供したという調査結果が出ています（Paige &
Goode, 2009; Vande Berg, Connor-Linton, & Paige, 2009）。

　加えて、多様な立場や考え方の人たちを集めて自由に議論させる機会を提供
した際、参加者の自然なコミュニケーションに任せるだけでは良い成果が生ま
れないことが、これまでの実践と研究により明らかとなり、議論の場をデザイ
ンし、そのプロセスに効果的な働きかけ（ファシリテーション）をする必要性が
認識されるようになりました（井上, 2021; xi）。言い換えると、コミュニケー
ションを促進する、容易にするというファシリテーションの基本のもと、腹を
割った、心の壁を取り払った自由なコミュニケーションの場さえつくれば、自
ずと期待した成果が上がるというのは幻想であることが見えてきました（井上,
2021; xi）。大学の授業では、「適当に近くの人たちとグループをつくって、自由
にこの問題について話し合ってみよう」という場面がありますが、「適当に」
「自由に」という指示は、他人とのコミュニケーションが苦手な学生にとって
はつらいものとなります（井上, 2021; xi）。そのため、意図的な介入としての
ファシリテーションが重要となります。

　また、異文化グループ間対話におけるファシリテーションの重要性について
マックスウェルら（Maxwell et al., 2012）は、参加者が得られる成果として以下
の3点を指摘しています。

1.　認知面でのオープンさの増大と複眼的視点からの思考能力
2.　異文化グループ間によるコミュニケーションの場に対するより肯定的な
　　態度、感情、関わり
3.　個人レベルに留まらない文化・社会的構造やアイデンティティが日常の
　　行動にもたらす影響への気づきの増大：他者を通して自らへの気づきも
　　高め、そこに社会変革をもたらす学習が可能になる

以上のことから、ファシリテーションの質によって異文化グループ間の対話
の成果も変わってくることを示唆しています。

1.2.2　多文化間学習のファシリテーターとは、その基準とスキルは

　多文化間学習とは、経験とその経験を解釈する能力を統合したプロセスとも言えます。多文化間学習の研究者の中には、これをセンス・メイキングと呼び、異文化に滞在する者の学習をサポートする文化的指導者（メンター）を見つけるよううながす人もいます（Osland & Bird, 2000; Osland, Bird, & Gundersen, 2007; Vande Berg et al., 2009）。このような変容的な学習は、有能なファシリテーターが存在する場合により容易に起こることが多いため、ファシリテーターは多文化間学習を高めることができる立場にあると言えます。例えば、ファシリテーターは異文化の人たちの行動を単純な状況説明で終わらせるのではなく、その文化に根差した解釈を説明し、学習者の理解を深めることができます。

　ストーリー・サークル❷を事例に、ディアドルフ（Deardorff, 2020）は「異文化間ファシリテーターの基準」として次のようなものをあげています。

1.　他者を歓迎する雰囲気がある（親しみやすく、落ち着きがある）
2.　すべての人を尊敬に値する人として受け入れ、その尊敬を行動で表す
3.　人前であっても余裕がある
4.　参加者のコンテクストや背景（参加者の文化的規範や価値に関する認識を含む）に精通している
5.　「理解のための傾聴」（章末注❷参照）、忍耐、謙虚さのモデルとなり、誠実に共有することをいとわない、言い換えると、不確実なことや感情をさらすことが苦痛ではない
6.　特定のコンテクストに適している：特定の文化的コンテクスト内では、社会的・社交的期待にもとづくと、特定の性別、宗教、年齢などの人がファシリテーターとしてより適切であることが示唆される場合がある
7.　グループのディスカッションを思慮深く導くことができる
8.　異なる背景（年齢、宗教、社会的経済的地位、文化、性別など）をもつ人々とうまく関わることができる

　異文化をまたぐファシリテーターとして成功するためには、スキルセットとマインドセット（ハートセット）の両方が必要であるとベネット（Bennett, 2012）は主張し、以下のような「効果的な異文化間ファシリテーターがもっているス

キル」を提示しています。

1. 異文化間学習プログラムで使用されている言語を第一言語としない人に
   も明確なコミュニケーションが取れる
2. 話す順番の交代や沈黙の活用なども含めて、多文化グループの中でファ
   シリテーションができる
3. 主流ではない文化的規範に関して予断を保留できる
4. 面子を失うこと、グループのアイデンティティ、地位など参加者の文化
   特有のリスク要因を認識できる
5. 行動を解釈するために参考とする複数の枠組みを活用できる
6. 思い込みやバイアスを避けるために、慎重に言い換えた質問ができる
7. 慣用句、スラング、口語表現、格言などを避けることができる
8. 目標、内容、プロセス、教材、指示においてバイアスがないかを認識で
   きる
9. ユーモアの使用が文化的に適切であるかどうかをチェックできる
10. 学習者のモチベーションを高めることができる

　また、ディアドルフ（Deardorff, 2020）は「異文化間学習に関わるファシリテー
ターへの助言」として以下の通り具体的なものを提起しています。

1. 平易な言葉を使ったり、言い換えたり、指示を言い直したりするなど、
   明確なコミュニケーションを取る
2. 回答がはい、いいえになる質問は控える
3. 特定の個々人に要望することは控える
4. 非言語的なもの、言われていないことを含む参加者の多様なコミュニ
   ケーション・スタイルと行動を複数の文化的枠組みを活用し、多面的に
   解釈する
5. 気を長くもつ
6. ファシリテーターとしての自分のあり方をしっかりと意識する
7. 参加者の行動に細心の注意を払い（注意深く観察し、耳を傾け）、自分のレ
   ンズを通して参加者を判断することや行動を解釈することを抑えなが
   ら、参加者の目を通して、それらの行動を理解しようとする

8.　文化的な謙虚さを言葉と行動で示す：ファシリテーターは「学ぶことに前向きで、好奇心をもつ」態度の模範となることで、世界の見方は一つの視点にすぎないことを示す

　ファシリテーターの基準や必要なスキルをベースに、ベネット（Bennett, 2012）は異文化間学習プログラムをおこなう際に「ファシリテーターができること」を提示しています。多文化間学習のファシリテーターは以下の4点が求められると言えます。

1.　参加者の好奇心を最大限に引き出すような学習体験をデザインすることができる

2.　プログラム実施中、未知の文化的文脈に接する参加者の不安を軽減することができる

3.　舞台上の賢者として、プログラムのコンセプトの選択、コンセプトの足場づくり、学習体験の土台づくり、リアルタイムで起こるかもしれない問題への参照フレームワークの提供、異なる文化的視点の提案など、異文化学習の場への準備をすることができる

4.　舞台袖のガイドとして、より深い異文化体験の探求、体験と概念の関連づけ、さらなる好奇心へのコーチング、スキル開発のサポートなどをおこなうことができる

　ベネット（Bennett, 2012）によると、異文化間ファシリテーターは、ジェネラリストであり、スペシャリストでもあり、かつグローバルであり、ドメスティックでもあり、世界が提示する多くの事象や論点に適応し、対応することが求められるという現実的な要求に直面することになります。これは「異文化間」という枕詞が付くことで、ファシリテーター全般に関するトレンド（トレーニングを受ければ、誰でもファシリテーションの技法を習得できる、誰でもファシリテーターになれる）に比して、異文化間ファシリテーターは高度な知識やスキル、そして相当な経験が求められることを示唆しています。言い換えると、異文化間ファシリテーションの専門化、そして異文化間ファシリテーターのプロフェッショナル化という必要性を際立たせ、かつ、それが世界的なトレンドに

なっていることを意味しているのです。ファシリテーターは学習者の学びを援助しつつ、自身も学習者と共に学び続ける必要があります。具体的には、ファシリテーター自身が多角的な知的・情操的訓練を積んだり、自分の文化的・社会的規範を外側から見直したり、鏡に映し出すように見つめ直す時間と努力を惜しまないことが必要です（金田, 2023）。

1.2.3　多文化間学習において参加者のモチベーションを上げる

　多文化間学習におけるファシリテーターの基準とスキル（求められる能力）を見てきましたが、参加者あっての学習プログラムであり、参加者のモチベーションを上げることもファシリテーターが取り組むべき重要なことです。

　ヴロドコフスキー（Wlodkowski, 2008）は、学習プログラム[3]の開始時、中間時、終了時というスケジュール上の位置によって、ファシリテーターが使うモチベーション向上へのアプローチを以下の通り使い分けることが有益であるとしています。

表1.1　学習プログラムの進行段階とそれに伴うモチベーション向上へのアプローチ

開始時①	プログラムの場でのインクルージョン（包摂）を確立するために、参加者が相互に尊敬され、つながっていると感じられるような歓迎の雰囲気を伝える環境を構築することが必要
開始時②	参加者の前向きな姿勢を育むために、プログラムで取り扱うトピックやこれまでの学習、教材との関係で、参加者が抱くかもしれないネガティブな先入観を払拭することが必要
中間時	プログラムが提供する学習機会において、参加者が自身の文化的価値観や視点を振り返るような意味ある取り組みや課題に従事できるように工夫することが必要
終了時	参加者はプログラムを通して自分が何を学び、それが自分の世界（職場や学校など）に戻った時にいかに応用できるかを知りたがるため、それに対応する活動をおこなうことが必要

Wlodkowski (2008) をもとに筆者作成

　多文化間学習環境において、学習プログラムの開始時に起こりがちな与えられた課題に対するアプローチの違いにどう対応するかについて、以下のコラムで一例を紹介します。

コラム1.1　フレームワークの捉え方の違い

プロジェクトベースのグループワークを課した場合、まずは全体像としてフレームワークを設定し、そこに細部（ピース）を埋めていくようなアプローチを取る学生たちと、細部（ピース）を一つずつつくっていき、それを積み上げることで最終的に全体像としてのフレームワークが見えてくるアプローチを取る学生たちが出てきます。この二つのタイプが一つのグループに混在する場合、始めに方法論で対立し、グループワークへのモチベーションが下がることがあります。これを防ぐために、課題に対する複数のアプローチを事前に提示し、どれを採用するか、グループワークの最初に時間をかけて話し合ってもらうことを勧めます。その話し合いを通して、学生（参加者）同士が文化的背景や教育・学習的経験の違いを認識しつつ、与えられたグループワークの課題により適したアプローチを見出していくことでしょう。

1.2.4　多文化間学習における思考（認知）スタイルや学習スタイルの違いへの適応

　思考（認知）スタイルと学習スタイルの違いが多文化間学習におけるファシリテーションに影響を与えるため、ファシリテーターは、これらのスタイルの違いを観察し、評価し、対応することに労力を費やすことになります。単一の認知スタイルでプログラムを進行することは、参加者の一定のグループを特権化し、ほかの参加者が排除されたと感じる危険性を高くすることになるからです。プログラムにおいて、思考スタイルのバランスを取るためには、自分の論理に比喩を加えたり、教訓に寓話を加えたり、重要なポイントを説明するストーリーを加えたり、あるいは、ほかの思考や認知の方法を反映するような本物の（オーセンティックな）文化的資料を加えたりすることが考えられます（Bennett, 2012）（思考スタイルや学習スタイルの違いへの対応に関する詳細な論考については、第6章を参照ください）。

コラム1.2　正解のない問いに関するディスカッション

多様な文化的背景をもった学生たちに対して授業やワークショップをおこなう際、正解がない問題についてディスカッションする場合があります。このようなディスカッションでは、最終的には答えがまとまらない、あるいは意

見の違いがあからさまになることで対立を生むこともあります。また、知識偏重型教育で試験において正解を求められてきた学生にとっては、正解が示されないまま授業やワークショップが終わることにフラストレーションを感じることもあるでしょう。このような場合、ディスカッションの目的として、まず話し合うことの意義を明確にすることが大事です。そのうえで、論争の的になっているような問題については、多様かつ対立する意見や考え方がある現状を理解することが重要であること、また、従来の正解では解決できない問題が増えていることから、立場によって答えが違うという前提に立って、別解を探していくために、そのようなディスカッションの場で議論することが有意義であることを事前に説明しておくことがよいでしょう。

1.2.5　多文化間学習におけるアクティビティ（学習活動）の選択

　異文化間学習における「アクティビティ（学習活動）の選択」について、ベネット（Bennett, 2012）は以下のようなチェックリストを提起しています。

1.　このアクティビティは、プログラムが探求しているコンセプトに対してどの程度適切か
2.　このアクティビティは、コンテンツの挑戦の度合いとのバランスが取れているか
3.　このアクティビティは、次のような学習サイクルの動きを促進するものか
    a. 学習者の既存の経験をもとにしているか（具体的か）
    b. リフレクション（内省）とコネクション（関連）を提供しているか（リフレクティブか／内省的か）
    c. 概念や枠組みを検討しているか（抽象的か）
    d. 実用的で適切な方法でコンセプトを適用しているか（アクティブか）
4.　学習のペース配分や順序が適切か
5.　当該グループにおける優勢な認知、学習、コミュニケーション・スタイルに適合しているか、あるいは優勢なスタイルと対照的であるため、非優勢なスタイルに役立つものとなっているか
6.　このアクティビティは、異なる文化に対してどのように作用するのか。

プログラムを実施する場 (教室) に存在するさまざまな文化的フィルター (国籍、民族、人種、性別、年齢、階級、宗教、身体能力など) を通して、この アクティビティを見直してみる。このアクティビティは、誰にとって もっとも自然なものか。誰にとってもっとも異質なものに見えるのか。 そのアクティビティにあるリスクを冒すことは、それが異質な人々に とって十分に有益なものなのか。なぜそうなのか、あるいはなぜそうで はないのか

7. このアクティビティに対して、さまざまな文化的集団のうちどれかが抵 抗する可能性があるか。あるとすれば、どのようにか。参加者は、この アクティビティやその内容が教えることに対して発達段階に応じた準備 ができているか

　上記のチェックリストに対応したとしても、プログラムの状況に応じては以 下の4点についても追加的に検討してもよいでしょう (Bennett, 2012)。

1. 参加者の言語能力のレベル：アクティビティに必要な語彙は、参加者が 対応できるものか

2. アクティビティに求められる態度が文化的規範に反するかどうか：例え ば、直接的な表現が必要な場合、間接的な表現を重視する文化圏ではう まくいかないかもしれない

3. そのアクティビティで要求されるレベルのリスク・テイクをサポートす る風土 (雰囲気／環境) がプログラムの場 (教室) にできあがっているか： 例えば、リスクの高いシミュレーションでプログラムを始めた場合、参 加者のグループによっては結束力が十分でなく、気持ちよく役割をこな すことができないかもしれない

4. 参加者の年齢、階級、性別、教育レベル、地位、身体能力、民族性など に応じた本物の (オーセンティックな) 文化的教材があるか

1.2.6　多文化間学習におけるアクティビティ (学習活動) の設定
　異文化間学習プログラムにおける特定のモジュールの成功は、ファシリテー ターがどのようにアクティビティやディブリーフィング (振り返り) を設定する

かによっても左右されます。考え抜かれた体系的な設定は、期待される異文化学習の枠組みをつくるためにも、時間をかけるべきとベネット（Bennett, 2012）は説いており、以下のような7点のガイドラインを提示しています。

1. 文化的な概念や枠組みを適宜強調しながら、アクティビティを紹介する
2. 計画されたアクティビティと参加者の文化的コンテクストを関連づけ、その関連性を確立する
3. アクティビティをおこなっている時の学びを深めるために、必要な文化的データ、歴史、または背景を参加者に提供する
4. 抵抗や恐怖に対処するための予防的措置を実施する
5. アクティビティをおこなう目的、並びに参加者に回答してほしい具体的な質問や観察してほしい具体的な内容を明確に記載する
6. 参加者には、適宜、アクティビティの目的、ガイドライン❹、チェックリストを文書で配布する
7. アクティビティ後に使用する具体的なディブリーフィング（振り返り）用の質問の概要を説明する

1.2.7　多文化間学習において抵抗する人にどう対処するか

　多文化間学習において、ファシリテーターがもっとも悩むのは、協同学習の際にメンバー同士で協力することに抵抗する人がでてきた場合に、どう対処するかでしょう。とはいえ、多文化な背景をもつ参加者によるグループと一緒に仕事をする場合こそ、彼ら／彼女らの不安を軽減することで、難しいトピックでも受け入れやすい環境をつくることができる可能性が高いのです（Bennett, 2012）。いわゆる抵抗は、通常、かなり予測しやすい問題で生じており、参加者は、学習プログラムの「内容」または「方法」に抵抗を感じることが多くあります。内容面では、トピックが世界的な認識の違いに関わるものなのか、国内問題に関わるものなのかによって、参加者の反応が異なります。世界的なトピックに対する抵抗の場合、参加者が自認する専門知識（例：移民や外国人労働者に関すること）から生じることが多く、国内的なトピックの場合、社会正義の問題や組織のインクルージョン（例：ジェンダーや多様性に関すること）を議論する際に起こりやすくなります。手法面では、「やって良いことと、やってはい

けないことだけ教えてもらえれば十分」だとか、「長い間他人の話は聞きたくない」といったことがあげられます (Bennett, 2012)。

　抵抗と思われる意見に対応するために、ファシリテーターは、事前に想定問答集 (予防措置) をある程度用意しておくことも場合によっては有効でしょう。それは上述の内容や方法に関する抵抗によって引き起こされるであろうグループ内の「不調」を防ぐために使われます。具体的には、ファシリテーターはプログラムの早い段階で、反対意見を否定的に捉えず、その背景や理由への理解を含めつつ、ある意味、肯定的な形で紹介し、一部の参加者の抵抗や反対を柔らかく抑えることで、グループ内の「不調」を回避することができます (Bennett, 2012)。具体的な予防措置としてベネット (Bennett, 2012) は以下のような手法をあげています。

1.　参加者にセーフティネットを提供する：経験豊富な専門家と思われる参加者をファシリテートする際の予防的措置として、「みなさんは、異文化の中で仕事をすることに多くの経験があり、実際、私よりも、自分が関わってきた特定の文化についてずっとよく知っていることは承知しています。しかし、私が今日提供しなければならないのは…」と冒頭に述べる

2.　病気を防ぐための予防接種のように、ファシリテーションの予防的措置では、起こりうる異論を少量ずつ、そしてすぐに効く解毒剤のように提供する：「みなさんの中には、このプログラムは感動的なアクティビティばかりではないかと思っている方もいらっしゃるかと思いますが…」と最初に述べる

3.　予防措置は学習スタイルの違いにも対応することができる：プログラムの開始時に「午前中は定義や概念の基礎を固め、その後、そのような考え方を職場で実践できるように進めていきます」と述べる

　ニーズ分析の一環として、賢明なファシリテーターは、プログラムの開始前に、特定の参加者が提起すると思われる反対意見をできるだけリストアップし、それに対する回答を体系的にまとめたもの (想定問答集) を作成しています❺。

　そのような予防措置を準備していたにもかかわらず、異文化間学習プログラ

ムの実施中に参加者間の意見の相違や対立により、摩擦や不快感が起きた場合、それを解決せずに「水に流そう❻」という心持でファシリテーションすることは勧められません。むしろもつれた紐をほどくかのように、あるいは荷を下ろし中味を開けて吟味するかのように（unpack）、時にはプログラムの予定をずらしてでも、浮かび上がった誤解や認識の不足による語弊から生じた問題ある発言を、参加者間でオープンに吟味し、話し合うことが推奨されます（Maxwell et al., 2012）。意見の相違や対立は、異文化間の対話では避けられないと思っておいたほうがよいでしょう。そのような摩擦は認知・知的レベルで起こる場合もあれば、感情・情操面に深く入り込んだものでもあり得ます。よって、示唆と経験に富んだファシリテーションが求められるのです（金田, 2023）（コミュニケーション・スタイルの異なる学習者に対するファシリテーションについては、第6章を参照ください）。

おわりに

　この章は授業やワークショップなどを通して、参加者とともに異文化間能力育成をおこなっていきたいと考えている方、各種異文化間学習ツールを活用したいと考えている方に対して、そもそもファシリテーションとは何か、ファシリテーターとは何かをあらためて振り返り、次に教育のファシリテーションをその機能別に四つのタイプから考えたうえで、多文化間学習におけるファシリテーションとファシリテーターの役割、スキル、活動について見てきました。

　前半の日本を中心とする広義のファシリテーションとファシリテーター（トレーニングを受ければ、誰でもファシリテーションの技法を習得できる、誰でもファシリテーターになれる）に比べて、後半の多文化間学習におけるファシリテーションとファシリテーターでは、求められる役割、知識、スキル、態度などがより高度化、専門化しています。海外の多民族国家を中心に開発されてきた多文化環境におけるファシリテーションと日本のそれでは文化的コンテクストが大きく異なるからなのか、あるいはグローバルな問題が複雑に絡み合い、多様な価値観が錯綜する現代は変化が激しく、先が見えない時代と言われているという世相を反映してなのか、多文化間学習のファシリテーションとファシリテー

ターは、より高度なトレーニング、相当な経験、周到な準備が必要とされるものと捉えられています。言い換えると、多文化環境における変容的な学習は、有能なファシリテーターが存在する場合により容易に起こることが多く、ファシリテーターは参加者の異文化間学習を高めることができる立場にあると言えます[7]。それだけに、多文化間学習におけるファシリテーションは、ファシリテーターとしてのスキル、場づくりといったことだけでなく、その人の素養（柔軟性、即興性など）とあり方（being）が重要となります。また、ファシリテーターは学習者の学びを援助しつつ、自身も学習者と共に学び続ける必要があります。

　以上、本章を読んで、あなたはファシリテーションに関する以下の問いに対して、どのように考えますか。

- あなたが多文化間学習のファシリテーターとなるために必要だと思う知識やスキルは何でしょうか。そして、それらをどのように身につけようとしていますか。
- あなたは多文化間学習の参加者のモチベーションを上げるために、どのような手法をもっていますか。
- あなたは多文化間学習のファシリテーターを務める際に、どのような想定問答集（予防措置）を準備していますか。

注

[1] Tグループはトレーニング・グループの略で、自己理解や他者理解、リーダーシップといった人間関係に関する気づきを得るための学習方法です。心理学者のクルト・レヴィンらが1946年にアメリカのコネチカット州で、教育関係者やソーシャルワーカーなどを集めて、人種間の差別撤廃に向けたワークショップをおこなったことが起源とされています（日本体験学習研究所, n.d.）。

[2] ストーリー・サークルは、フォーマル、インフォーマルを問わず、さまざまな文脈で異文化間能力を育成するための、構造的かつ柔軟な方法論であり、話す力より理解のための傾聴力（listening for understanding）を重視しています。2019年にユネスコから出版された "Manual for Developing Intercultural Competencies: Story Circles" で紹介されています（Deardorff, 2020）。

[3] ここでの学習プログラムは、基本的に一学期間を通しておこなう授業科目のようにある程度長いものを想定しています。

❹ 参加者全員が事前に同意するグラウンド・ルールを明文化し、プログラム開始時に配布することもあります。

❺ 具体的な事例については、参考文献にあるベネット（Bennett, 2012）を参照ください。

❻ 英語では、同様の比喩で「絨毯の下に掃いて隠してしまう（sweep under the rug）」という表現がありますが、それは同様の問題が再浮上する可能性を助長しています。異文化グループ間対話への参加者は、意見の相違や対立を未解決のままにせず、オープンな対話を通して理解の増進に一人ひとりが貢献するという期待およびマナーが求められます（金田, 2023）。

❼ 例えば、ファシリテーターは異文化の人たちの行動を単純な状況説明で終わらせるのではなく、その文化に根差した解釈を述べることができます。

参考文献

井上義和（2021）「はじめに—三つの仮説とアンビバレンス」井上義和・牧野智和編『ファシリテーションとは何か—コミュニケーション幻想を超えて』ナカニシヤ出版，pp.v- xix.

金田民栄（2023）「異文化グループ間対話ファシリテーションの重要性」『開智国際大学紀要』，22：pp.107-119.

金香百合（2001）「ファシリテーター論—実践と哲学から生まれた「人間形成相互作用らせん理論」」部落解放・人種研究所編『人権の学びを創る—参加型学習の思想』部落解放・人権研究所，pp.90-109.

津村俊充（2010）「"教育ファシリテーター"になること」津村俊充・石田裕久編『ファシリテーター・トレーニング—自己実現を促す教育ファシリテーションへのアプローチ 第2版』ナカニシヤ出版，pp.12-16.

中野民夫（2003）『ファシリテーション革命—参加型の場づくりの技法』岩波書店.

中野民夫、浦山絵里、森雅浩編（2020）『看護のためのファシリテーション—学び合い育ち合う組織のつくり方』医学書院.

日本体験学習研究所（n.d.）『Tグループ（人間関係トレーニング）』https://jiel.jp/seminar-list/seminar-list-cat/kouza03/（2023年6月29日閲覧）

星野欣生（2010）「ファシリテーターは援助促進者である」津村俊充・石田裕久編『ファシリテーター・トレーニング—自己実現を促す教育ファシリテーションへのアプローチ 第2版』ナカニシヤ出版，pp.7-11.

牧野智和（2021）「ワークショップ／ファシリテーションはどのように注目されてきたのか」井上義和、牧野智和編『ファシリテーションとは何か—コミュニケーション幻想を超えて』ナカニシヤ出版，pp.79-92.

三田地真実（2016）「はじめに—今後、高等教育で最も求められるものは、「対話」—」中野民夫、三田地真実編著『ファシリテーションで大学が変わる—アクティブ・ラーニングにいのちを吹き込むには 大学編』ナカニシヤ出版.

Bennett, J. (2012). The developing art of intercultural facilitation. In K. Berardo & D. K. Deardorff (Eds.), *Building cultural competence: Innovative activities and models*. Sterling (pp.13‒22), VA: Stylus Publishing.

Deardorff, D. K. (2020). *Manual for developing intercultural competencies: Story circles*. Routledge. https://unesdoc.unesco.org/ark:/48223/pf0000370336

Maxwell, K. E., Nagda, B. R., & Thompson, M. C. (Eds.). (2012). *Facilitating intergroup dialogues: Bridging differences, catalyzing change*, Stylus Publishing, Sterling, VA.

Osland, J. S., & Bird, A. (2000). Beyond sophisticated stereotyping: Cultural sensemaking in context. *Academy of Management Executive*, 14(1), pp.65‒79.

Osland, J. S., Bird, A., & Gundersen, A. (2007). *Trigger events in intercultural sensemaking*. Presented at a meeting of the Academy of Management, Philadelphia, PA.

Paige, R. M., & Goode, M. L. (2009). Cultural mentoring: International education professionals and the development of intercultural competence. In D. K. Deardorff (Ed.), *The SAGE handbook of intercultural competence* (pp.333‒349). Thousand Oaks, CA: Sage Publication.

UNESCO. (n.d.). *Building resilience through the development of intercultural competencies: Story circles*. https://en.unesco.org/themes/intercultural-dialogue/competencies

Vande Berg, M., Connor-Linton, J., & Paige, R. M. (2009). The Georgetown Consortium Project: Interventions for student learning abroad. *Frontiers: The Interdisciplinary Journal of Study Abroad*, 18, pp.1‒75.

Wlodkowski, R. J. (2008). *Enhancing adult motivation to learn: A Comprehensive Guide for Teaching All Adults. 3rd ed.*, San Francisco, CA: Jossey-Bass.

第2章

ファシリテーションと
ファシリテーターの異文化間能力
多文化環境での学びをうながす両者の密接な関係

マイケル・ゴー

はじめに

　優れた研究、教育およびサービスを提供することが優れた大学の証であることは、よく知られています。大学が担うこれらの役割に加え、20世紀以降は、学生の学習体験に大学がどのように関わるかという点がますます重要視されてきています（ACPA, 1996; AAHE et al., 1998; Hu & Kuh, 2003; Tinto, 2003）。とりわけ、大学の教室では多文化クラス（intercultural classroom）がよく見られる光景になってきており（Pascarella et al., 1996; Whitt et al., 2001）、また世界中の大学で構成員の多様性が増していることからも、最近特に注目されてきているといえます。

　教員は教室において指導者の立場にあります。指導者にとって、多文化クラスでの学習をうながすことと教えることとは、表裏一体の関係にあります。多文化クラスのファシリテーションというテーマを考える時、ファシリテーターのもつ特性（characteristics）を考慮せずには、たとえ十分に設計されたカリキュラムや魅力的な学習活動、創造的な教育手法などが取り入れられたとしても、それらが開花することは期待できません。そこで本章では、ファシリテーションそのものと、ファシリテーターの異文化間能力（intercultural competence）のふたつが、多文化環境での学習者の学びをうながすのに密接な関係をもつことを論じていきます。まず次節では、ファシリテーターの異文化間能力は多文化クラスにおけるファシリテーションの基本となることを確認します。次に、文化的に多様なクラスでの学びを最大限に引き出すために、有能なファシリテーターが取り入れている主要なスキルを紹介します。

2.1　異文化間能力と多文化ファシリテーション

　ディアドルフに代表される異文化間能力研究者は、複数の次元から構成される異文化間能力の発達に関する数十年にわたる研究により、異文化間能力のプロセスモデルを提示してきました (Deardorff, 2006)。ディアドルフが多文化の中で学ぶ学習者の発達過程をモデルで捉えようとしたように、本章で取り上げるような多文化間学習のファシリテーターも、効果的なファシリテーターになるためにこの発達過程をたどることができるか、考えてみましょう。ディアドルフのモデルをファシリテーターにあてはめれば、ファシリテーターは知識や理解、そしてスキルといったそれぞれのレベルの成長から出発し、次にそれらが態度や考え方、ものの見方（内的な成果）を変容させ、やがてコミュニケーションや行動（外的な成果）において変化を起こしていくようになります。

　CQ (cultural intelligence) と呼ばれる文化的知性❶と教育についての私の論考 (Goh, 2012) において、私は、世界がグローバル化し多くの国や社会で多文化化が進行する中で、多文化な環境で教育を受けグローバルに活躍できる市民を育成することが、国家にとっていかに重要なこととなってきているかを論じました。学生が多文化理解を深め、グローバルマインドを養うことは、今や多くの大学が望む学習成果となっています。それに関連して、多文化クラスをどのように形成しているかを示す事例もいくらか見られるようになってきました。しかし一方で、その学習成果を得るためのカリキュラム設計や、多文化クラスにおける教授法を教員や指導者がどのようにつくるべきかという点について、うまくあてはまるようなモデルはいまだに存在しているとはいえません。また、異文化間能力に関するほかの学問領域の研究知見や実践と、国際教育の領域との学際的な交流も不足しています。さらに言えば、多文化クラスのファシリテーターである教員が備えるべき異文化間能力の必要性についても、これまでのところ目立って取り上げられているとはいえません。

　CQ とは、理論にもとづく、また経験的にも厳密な構成要素であり、それは多文化クラスのファシリテーターとして異文化間能力を高めるための理想的な枠組みを提供してくれます。このため、ファシリテーターは CQ を備えることで、学びのクラス全体をリードし、教育する好機と挑戦の両方に向き合うこと

になります。次節からは、多文化クラスをファシリテートするために求められる異文化間能力に関する、避けることのできない要件をいくつか提示します。また、CQ と多文化間ファシリテーションの理論と実践が適合するところを探り、ファシリテーターがどのように CQ を用いてファシリテーションをおこない、それによって、多文化教育を経てグローバルな市民となる CQ を備えた学習者をどのように育てるか、ということについてのいくつかの例を示します。

2.2　多文化間ファシリテーションと異文化間能力の重要な関係性

●ファシリテーションは影響力

　カプラー・ミックとビャルナドッティルは、「ファシリテーション」という言葉はラテン語を起源とする「楽にする」「容易にする」という意味の言葉であり、ファシリテーターの役割は多文化クラスの学習者の学びの旅を支援することであるとしています (Kappler Mikk & Bjarnadottir, 2017)。したがって、ファシリテーションは、教えること自体と同様に学習者に対して影響力をもちます。 歴史学者のヘンリー・アダムスは、教師の影響力は果てしなく計り知れないものだと述べています。アメリカの教育理論家であるラドソン－ビリングスは、自分がこれまで教わってきた教師のことを覚えているのは単に記憶力が良いからではなく、教師たちが自身の人生に影響を与えてくれたからであると言っています (Ladson-Billings, 2009)。一方で、同じくアメリカの教育哲学者パーマーは次のように、ほとんどの教師が学習者の人生にポジティブな影響を与えようとするなか、反対に教師がもちうるネガティブな面にも十分な注意を払っています。

　　私たちには「ポジティブシンキングの力」によってリーダーシップに取り組もうとする長い伝統があります。私はこのようなアプローチに対抗して、私たちがリーダーとしてもっている、光ではなく影を投げかける傾向のほうに特に注意を払いたいと考えます。リーダーシップは常に批判の的となり、めったに報われることのないハードワークであるため、前向きな考え方によって自分自身を強化する必要があることは理解できます。しかし、自分自身の影の部分に目を向けないあまり、私たちは、自

分の努力は常に善意からなり、自分の力は常に無害安全で、問題はいつも自分の前にいる扱いにくい人々のほうにあるのだという、リーダーがかなり頻繁におちいる危険な思い込みを助長させてしまうのです！（Palmer, 2000; 78-79）

● ファシリテーションは関係性

私たちは物事を目で見たり耳で聞いたりするというよりも、自分の信念を通して知覚しています。信念を一旦保留するということは、自分という存在を束の間、消滅させるということです——それは簡単なことではありません。それは辛いことでもあります。なぜなら、それは我が身を投げうつことであり、自分が自分であるという感覚を捨てることであり、すすんで他者の険悪な視線に照らして自分自身を見ることだからです。それは簡単なことではありませんが、しかし自分がほかの誰かになるというのはどのようなことかを知る唯一の方法であり、また、対話を始める唯一の方法なのです。（Delpit, 1995; 46-47）

　ダーリン-ハモンドらは、学習者を理解するのに必要なステップとして、教師が自分自身のものの見方や世界観に意識的になることの重要性を強調しています（Darling-Hammond et al., 2000）。さらに、バンクスの多文化教育に関する著述（Banks, 1997）や、ゲイの「文化に対応した指導（culturally responsive teaching）❷」に関する研究（Gay, 2002）、ラドソン-ビリングスのアフリカ系アメリカ人の子どもたちを対象とした教師の実践に関する独創的な研究（ドリームキーパー研究として知られる）（Ladson-Billings, 2009）などから聞こえてくるのは、教えることとは内容だけではなく、その文脈や構成要素がとても重要だという共通の主張です。実際、私は、教師と学習者との間に信頼と協力の関係が形成されなければ学習というものはめったに起こらないと考えます。この関係性におけるギャップが、学習者の学業成績に生じる学習成果のギャップの小さくない部分を占めるという学術的証拠も増えつつあります（Banks et al., 2005）。したがって、ファシリテーターが教室にもち込むアイデンティティは、ファシリテーションと学びを導く道、いわば導管となるのです。

●ファシリテーションは双方向

　ファシリテーションはファシリテーターと学習者の心と心、頭と頭をつなぎます。ファシリテーターの中には、この人間関係への努力を無視し、いわゆる客観的で標準化され、機械的でマニュアル化された方法で学習内容を伝達するというやり方を選ぶ人もいます。反対に、ファシリテーターと学習者の間にある社会文化的なギャップを埋めようと、果敢にも学習者との双方向的な関係を築こうとするファシリテーターもいます。後者は文化的に多様な学習者を教えるファシリテーターに特徴的な傾向です。

●ファシリテーションは多文化的

　ファシリテーターは、この社会文化的なギャップは本質的には多様な文化の間から起こるものである、ということを認めなければなりません。ファシリテーターは、ファシリテーションが効果的におこなわれているか、学びが起こっているかを見極めるために、その場の社会的、文化的、経済的、政治的な文脈を把握し、そこにあるギャップを橋渡しすることが求められます。ファシリテーターは、学習者の生活における「学校」というものの意味、地域社会における「学校」というものの意義、そして学校と保護者や家庭が連携するその目的について、十分に問う必要があります。多文化の視点は、ファシリテーターの洗練された文化的共感スキルの中で養われます。それをもつことで、ファシリテーターは公平性を重視したトラウマインフォームドな（trauma-informed）❸地域社会の状況と学習者との間に体系的な視点をもち、また文化的な背景に注意を向けることができるようになります。そして、学習者に注意を向けることで、学習者の語ることをよりよく聴くことができるようになります。この、耳を傾け注意を向けるということは、文化的共感へとつながります。文化的共感は多文化理解を生み、多文化理解は、学習者の個々のニーズと教室の学びのコミュニティにある組織的なニーズに適切に関わり、教えることへの準備態勢を整えます。

●ファシリテーションは意図的

　ファシリテーターが人と人との間や異なる文化の間にあるギャップを埋めよ

うとするには、ギャップに対処するための意識的で自発的で慎重な計画と準備が必要です。なぜファシリテーションをするのか？　どのようにファシリテートすればいいのか？　何をファシリテートすればいいのか？　私の学生はどのような人たちなのか？　学生たちの背景、家族、コミュニティ、彼らが自分自身の存在や物事の認識をする方法について、私は何を知ることができるのか？私の学生はどのような学び方をするのだろうか？　教室をどのように整えればいいだろうか？　私が作成したカリキュラムは、学生の実際の生きた体験を反映しているか？　学生の学びを助けるために、私は関係性づくりに自身のどのようなスキルで貢献できるか？　より良いファシリテーターになるために、私はどのようなスキルを身につける必要があるか？

　ハマーネスらは、教師が「適応的熟達者 (adaptive experts)」になる必要性を説いています (Hammerness et al., 2005)。これは、教える過程で何が有効かを学びとり、学生の学習方法を発見する過程を通して適応的で柔軟であり続ける人のことです。効率性を重視するのではなく、学習者の困難を把握し、新しい教材や新しいファシリテーションの方略に適応していくことで、学習者の学びを最大化する方法を考え続けることが求められます。

● ファシリテーションには異文化間能力が必要

　レオンらの研究 (Leung et al., 2014) をもとに、私たちはファシリテーション研修コースを開発してきました。この研修における異文化間能力トレーニングでは、先進的かつ最新の異文化間能力理論の例として CQ を取り入れています。CQ は、多様な文化的背景をもつ人々と効果的に関係を築くための能力と定義されます (Earley & Ang, 2003; Ang et al., 2015)。CQ は、(1) 意欲や動機、(2) 知識、(3) 方略、(4) 行動の四つの要素から構成されます。ファシリテーターの異文化間能力を養成するために、レオンらは、多文化クラスの学びを促進することを目的としたファシリテーターの教授法や成人教育が、一般的な能力と状況固有の能力の両方をどのように育てるかということを検討してほしいと呼びかけています。CQ に関する研究では、特定の文脈では特定の行動様式が必要であることが示唆されています。ある状況や特定の聞き手のためのファシリテーションが、別の状況や聞き手には適切でなかったり効果的でないことはあ

りえることです。したがって、以下では、文化的に多様なクラスでの教育と学習を最適化することができるファシリテーターとして身につける必要のある、主な要素を紹介します。

2.3　ファシリテーターの CQ 意欲

　私たちは多文化間トレーニングのワークショップを長年にわたり開催してきましたが、そこでのファシリテーションが必ずしも理想的とはいえなかったという苦い経験もあります。正直に言えば、より良いファシリテーターになろうとするこれまでの過程の中で、私たち自身が最良の状態でワークショップに臨めなかったり、ベストな状態を提供できなかったこともあるかもしれません。あらゆる失敗は成長、学び、そして自己研鑽の機会となるとはいえ、学生たちがそうしているように、私たちも幾度も挑戦し続けなければなりません。そして、他者からフィードバックを求めることで、自分の成功や欠点について学ぶ意欲をもたなければなりません。

　優れた多文化間ファシリテーターは、多文化間学習には終わりがないことを知っています。学びの機会は世界中にあり、無限です。文化や国の中には、とてつもない多様性があるのです。一つ一つの文化的な学びの機会には常に多面的な次元があり、そこには何層にも重なる微妙な意味合いが含まれているのです。ファシリテーターは毎日毎回の授業で、多様な学習上の違いや文化的な背景をもつ学習者を教えようとするたびに何かを学び、また学び直していきます。そして、ファシリテーターが学びに対する意欲とモチベーションをもっているかどうかは、学習者たちにも容易に伝わるものです。いわば、新鮮なアイデアや新しい知識、ダイナミックな人生経験が泡のように流れ出る泉から水を飲んでいる教師なのか、または淀んだ貯水池から水を飲んでいる教師なのかを、彼らは見分けることができるのです。ファシリテーターが学ぶことに意欲的でないならば、明日からファシリテーターをやめたほうが学習者のためになるでしょう。

　CQ 意欲に関する研究において、学者たちは自己効力感 (self-efficacy)、すなわちタスクを成功裏に成し遂げる能力に対する自信という次元を取り入れてい

ます。これを多文化間ファシリテーションに置き換えると、文化の学習や異文化間能力の開発に意欲的なファシリテーターは、その結果として、すべてのファシリテーションや異文化との出会いに、たとえ完璧でなくとも非常に気を配るようになり、自己効力感を高め、ファシリテーションや多文化への方向づけに対する自信を高め、やがてはより良い成果を得ていきます。

　一人ひとりのCQ意欲を維持し向上させるための実践的な方法としては、ファシリテーターのピアグループを組織し、定期的にミーティングを開くことがあげられます。そこでは、うまくいったファシリテーションを称賛し、難しい状況について相談し、新しい学習経験や学びの機会を教え合うなど、専門職が集まり、情報を共有する機会が望まれます。

2.4　ファシリテーターのCQ知識

　知識は力（power）です。しかし、ほんの少しの知識をもち合わせているだけでは、むしろ国や文化、民族、歴史などを単純に戯画化してしまったり、果てはステレオタイプを生み、それを永遠に植えつけることにもなりかねず危険です。いくつもの国籍や民族、文化、宗教グループからなる参加者と対峙するファシリテーターは、ファシリテーターである自分がすべてを深く知っているはずだという他者からの期待の淵に立たされることで、どれほど自分自身の脆弱さを感じるか理解できるでしょう。ある文化においては、教師とは学習者が頼みとする、由緒正しい全知全能の百科事典のような存在だとも考えられています。しかし、私たちは世界中を旅し、文化的に複雑な状況を切り抜け、言語や行動規範の違いを超えて人々と困難な取り引きをおこなってきた経験から、文化に関する知識を豊富にもつことは文化間の緊張を和らげる重要な万能薬であり、また基本原理でもあることを知っています。

　本章を読んでいるあなたがファシリテーター初心者であれ、ベテランのファシリテーターであれ、学位を得る要件として、または自身の個人的な目標のために、多くの教科書的、経験的、あるいは専門的な知識を得ていることだろうと思います。そして、世界中にある知識の広大さと、その知識にアクセスすることへの私たちの限界についてもよく理解していることでしょう。また、時間

にはかぎりがあり、情報へのアクセスにもかぎりがあるために、何かについて知識を得るのにも、単に「表面をなぞる」だけになってしまうことが多いこともよくわかっているでしょう。一方で、私たちは、目に見える表面的な文化の下には意識的な、あるいは無意識のルールや規範があるということを知った時、畏敬の念や悟りのようなものを感じたこともあるでしょう。そして、一般的にアクセスできるごくわずかな情報だけでは、文化や国、民族を正確に理解できたとは到底思えないということも事実でしょう。つまり、知識とはダイナミックかつ微妙な意味合いをもつものであり、社会的、文化的、政治的なレンズを用いて会得する必要がある、ということです。今日学んだことも、明日には必ず学び直すことができます。なぜなら、私たちはその知識が出された時の傾向や偏りに対して、微妙な違いや批判的な視点を与える異なるものの見方をも得ているからです。そのような意味で、インターネットによって知識へのアクセスが飛躍的に向上した一方で、知識の源の信頼性を厳しくチェックし、情報の正確性を冷静に検証し、知識の提示方法に内在するバイアスを鋭く見分ける能力が、ファシリテーターに求められる新しいスキルとなっています。

　多文化間ファシリテーターとして、私たちは留学など海外での学習や文化的な没入体験による知識習得がもたらす革新的な影響の恩恵を受け、それを経験してきました。海外での学習体験はますますコストがかかるものになってきてはいますが、活き活きとした知識が増えていくような、世界のさまざまな場所への旅には、まだまだ直接的な学びがあります。なぜなら、知識とはそれが与えられた文脈や体験を通した学習により得られるものであり、人との関わり合いや出会い、他者との取り引きや交流を通してろ過されることで、洞察やものの見方や理解を深めていくものだからです。

2.5　ファシリテーターの CQ 方略

　ここまで読んできたファシリテーターには、CQ の「知識」を経て、次の CQ「方略」へと移行してほしいと思います。方略には、文化間の事象や状況に意識的になり、それを用いて学びを計画することが含まれます。ファシリテーターとして、意識化と計画の段階で学習者について情報を得ることはとても重要で

す。そのために、準備段階では以下のような問いについて考えてみましょう。

1. 学習者はどのような背景や属性（年齢、性別、文化的アイデンティティ、宗教、都市部あるいは地方在住かなど）をもっていますか？

2. 彼らが多文化間学習をする目的は何でしょうか？

3. 彼らはどのような多文化間学習スタイルを好みますか？

4. 質問3.の答えをふまえ、あなたはどのような教育方法を構成し、どうのような教訓的な、あるいは体験的なグループワーク、フィールドワーク、多文化間シミュレーションを取り入れますか？　この段階でコルブの経験学習サイクル、即ち具体的経験、内省的観察、抽象的概念化、能動的実験（Kolb, 1984）を参照するとよいでしょう。

5. 彼らがこれまでに多文化間学習の経験があるとしたら、それはどのような経験だったでしょうか？

6. 彼らの多文化対応力のレベルはどのように見極めることができますか？（アンケートを取りますか？　異文化感受性発達尺度（Intercultural Development Inventory）❹を使いますか？　事前と事後のテストをおこなうのがよいでしょうか？）

7. 異文化間能力のレベルが学習者間で異なる場合、どのようにして学習コンテンツや教育方法を対応させるべきでしょうか？

8. これから教えようとする学習コンテンツには、文化的に適切な事例が含まれていますか？

9. これから教えようとする学習コンテンツでは、文化的に不快を与える可能性のあるものを排除していますか？

10. あなたが紹介しようとする事例やケースは、学習者に文化的な共鳴をもたらすことができるでしょうか？

11. もし学習者間で対極的な意見や分裂を招く可能性のある教材がある場合、そのような勇気ある会話を進めるために、グループ内のルールや規範をどのように設定しますか？

12. 学習者間、あるいは学習者とあなたとの間に対立が生じた場合、どのように対処しますか？

13. 学習の最終段階になってはじめて困難さに気づくのではなく、必要に応じて現状の調整を図るために、その時々で体験の様子をフィードバックするようなアンケートを検討したりしていますか？

14. 聞き手の多文化間コミュニケーションスタイルはどのようなもので、その場において効果的なコミュニケーションを実現するために、あなたは自身のどのようなファシリテーションやコミュニケーションスタイルを取りますか？

15. 学習場面に言葉の壁がある場合、通訳が必要ですか？
    注意：通訳を取り入れる場合、ファシリテーションの流れやダイナミクスに影響を与えるため、ファシリテーターには特に創造性、革新性、そして巧妙さが求められます。そのため、単なるバイリンガルの語学力だけでは十分ではありません。通訳をする人とは事前に何度かミーティングをおこない、学習の目的について話し合い、通訳が難しい言葉を検討し、そしてできるかぎりあなたの多文化対応力や相互作用的なファシリテーションスタイルに近づけ、それを取り入れることのできる通訳を見つけることが求められます。

　CQ 意欲と CQ 知識がファシリテーターの車体であり必須の部品であるとすれば、CQ 方略は車のエンジンにあたります。優れた方略はファシリテーション体験の心臓部（エンジン）といえます。優れたエンジンは、体験そのものの力と質を決定します。方略に長けたファシリテーターは、意欲的に綿密な計画をおこなうだけでなく、学習者がどのように学習体験に取り組んでいるかを観察し、何が多文化間インタラクションにおける成果あるいは課題や障壁になりうるかを見極め、状況に応じて調整することができます。例えば、私はファシリテーションをする中で何かしっくりこないことがある時は、セッションの流れが乱れたとしても、または時間が足りない中でさらに時間を消費することになったとしても、一旦立ち止まって学習者グループと一緒にそれに対応し、振り返ります。なぜなら、これから進むべき道について合意することが、結局はすべての人にとってより最適な多文化体験を実現するために価値があるのだということを学んだからです。また、私だけでなく、参加者の中に多文化体験学

習がかなり進んでいる人がいる場合は、彼らはいずれ多文化ファシリテーターになる可能性が高いことから、グループのプロセス（特に多文化間シミュレーションなどのグループ演習でのプロセス）を注意深く観察し、グループのダイナミクスをより意識することで学習をより高める方法を考え、グループ学習に貢献するようにと呼びかけることもしています。

2.6　ファシリテーターの CQ 行動

　ここまで述べたような CQ の要素はすべて、最終的に、ファシリテーションという行動に集約されていきます。本章の冒頭で、ファシリテーションとはラテン語に由来し、「楽にする」「容易にする」という意味であると説明しました。また、ファシリテーターの役割は、多文化クラスにおける学習者の学びの旅を支え、サポートすることであるとも説明しました（Kappler Mikk & Bjarnadottir, 2017）。多文化間ファシリテーションを、教師、ガイド、コーチ、またはそれらの組み合わせのどの立場から考えるにせよ、ファシリテーションの取り組みに共通するのは、ファシリテーターが学習者と心から信頼できるプロフェッショナルな関係を築くことができるかという点です。このファシリテーションを通した関係性は、思いやり、共感、無条件の肯定的な評価、そして異文化間能力によって特徴づけられるものです。

　聞き手の背景や状況を知るために事前に十分に準備することは、学習者のもつ文化や置かれた状況を理解し、彼らのニーズに応えようとする心からの関心をもつことにファシリテーターが価値を置いていることのあらわれです。学習する場所を準備し、学習者を迎え入れる方法を熟慮し、学習者の名前やさらに多くのことをあらかじめ知ることで、これからの学習の旅路の雰囲気や状況が決まります。

　CQ 研究では、CQ 行動を構成する重要な要素として、言語的・非言語的コミュニケーションと意図的な発話行為（speech acts）をあげています。発話行為とは、個々の学習者やクラス全体にファシリテーターの意図や影響を届けるような発言のことです。発話行為には、知らせる、指示する、楽しませる、説得するなどの役割があります。私たちが話す時には、話の内容と同時に挨拶、約

束、警告、命令、招待、謝罪、慰め、祝福、賞賛、助言、感謝などの行為ももたらされます。ユーモアは教室を楽しませ、活気づけるために多文化ファシリテーターが使う素晴らしいツールです。しかし他方で、侮辱や傷害となるような一線を越えてしまったり、文化的偏見や無礼さを示すような方法で、人々や政治家、リーダー、文化的アイデンティティ、あるいは宗教を軽視したりしないよう、十分に注意する必要があります。

　ファシリテーターには、彼ら自身の異文化間能力を反映した行動や言動を示す責任があります。もし、あなたが継続的な多文化学習を学習者に勧めるのであれば、他者に対し好奇心をもつとはどういうことなのかを実践するために、学習者に質問したり、さらなる質問を投げかけたりすべきです。学びの場に快適で歓迎する雰囲気をつくろうとする場合は、あなたの声や声量、イントネーション、そして非言語情報でもって、温かい雰囲気を学習者に示しましょう。教室で出される多様な意見を尊重し、オープンであることを伝えようとするならば、コメントやフィードバックを受け取る際には偏見をもたず、公平である必要があります。言い換えや要約をすることで、出された意見をきちんと聞き、受け取り、理解したということを示しましょう。また、論争好きな学習者との議論の堂々巡りを避けるために、学習者のコメントを言い換えてほかの学習者の反応を求めるという方法もあります。判断を保留するというスキルは、世界中で見られる両極化された状況において発揮されるべき重要なスキルです。それは、多文化主義者が緊張状態を保ちながらも、両者の関係性の架け橋となることをうながすものでもあります。

　おそらく、多文化間ファシリテーターとしてもっとも重要な行動は、「観察」と「傾聴」の二つでしょう。離脱や反対の姿勢を示すような学習者のボディランゲージを観察したり、怒りや異議、不満などをくみ取ることができれば、グループや個人の学習の妨げになりそうなことに対処すべき場面がわかってくるでしょう。問題を無視したり否定的な感情に対してやきもきするよりも、一旦休憩を取ったり、時間を使って起こっていることに対処したほうがよいのです。

　グループの価値観や原則、グラウンドルールや規範が多文化学習の開始時に合意されていれば、あからさまな対立が起こることはめったにありません。しかし、もし対立的な状況になった場合、ファシリテーターは積極的傾聴（active listening) ❺を心がけ、議論から発せられる考えや感情を代弁する手助けをし、公平性を示し、立場を表明する時間を平等に与え、必要があれば押しつけがましくなく自分の立場を明確にし、ときにはその問題をひとまず脇に置いたり、意見の不一致を認めたり（緊張を保ちつつ）、または関係する人たちが前に進むために合意できるところへグループを誘導しなければなりません。

　私は、多文化クラスのファシリテーターとして30年もの間、たくさんの学習者と交流する光栄な機会を得てきました。ファシリテーションをするたびに、学びをともにする学習者の多様性と、彼らが教室にもたらす複雑な文化的問題に魅了されてきました。ファシリテーションをすればするほど、自分が何を知らないのか、何を学んでこなかったのかがわかるようになります。それは自然と、自分自身が謙虚になるプロセスでもあります。多くの場合、私は教室で出会う学習者たちより経験も知識も豊富です。しかし、どうしたらよいかわからない時や言葉に困る時には、臆することなく譲歩します。自分が常に答えをもっているわけではなく、学ぶことに常に前向きであるのを認めることで、文化的な謙虚さが伝わります。ベテランの多文化間ファシリテーターは驚くほど知識も豊富ですが、同時に曖昧さに対する明らかな安心感（恐怖心ではなく）を示す人も多くいます。そのようなファシリテーターは、たとえ答えをもっていなくとも、答えを見つけるための機知に富んでおり、進む先には必ず答えや解決策があるということを確信しているものです。

おわりに

　多文化クラスのファシリテーションは、ファシリテーターを、そして学習者を、多文化環境での学びと成長の無限の世界へと解き放ちます。しかし、無限とはいえ、ファシリテーターが生み出す多文化体験の大きさは、ファシリテーター自身がどれほど異文化間能力の幅や深度を発達させてきたかという程度に比例します。そのため、本章では、CQ の枠組みを使いながら、ファシリテーションはファシリテーター自身の異文化間能力の成長発達と不可分であることを論じました。ファシリテーターが自身の異文化間能力をファシリテーションの中で示すことで、教室の多様な学習者とともに、壮大な多文化学習の旅を経

て目的地に到達することを願っています。

（米澤　由香子　訳）

訳者注

❶ 異なる文化的背景をもつ人々と効果的に関係を築くための能力。この後、2.3 節から 2.6 節で詳述されます。

❷ 学習対象を学習者の文化や生活上の習慣、経験、価値観などがよく考慮された方法で学ぶ教育手法。

❸ 支援する人が、トラウマについての知識や対応策に関する理解を深め、接する人たちがトラウマを抱えている可能性を意識しながら支援などの対応をすること。（参考）大阪教育大学学校安全推進センター http://ncssp.osaka-kyoiku.ac.jp/mental_care

❹ ベネットの異文化感受性発達モデル（Development Model of Intercultural Sensitivity; DMIS）にもとづき開発された、異文化への気づきや異文化に対する感受性の発達度合いを測るための尺度。

❺ 話し手への尊重や相互理解、問題解決を目的として、注意していることを示す身体的姿勢や、言い換えや要約、相槌表現などの言語的反応などにより積極的にコミュニケーションを取ろうとする行為。

参考文献

American Association for Higher Education (AAHE), American College Personnel Association (ACPA), & National Association of Student Personnel Administrators (NASPA). (1998, June). *Powerful partnerships: A shared responsibility for learning. A joint report*. Washington, DC: Authors.

American College Personnel Association (ACPA). (1996). *The student learning imperative: Implications for student affairs*. Washington, DC: Author.

Ang, S., Van Dyne, L., & Rockstuhl, T. (2015). Cultural Intelligence: Origins, conceptualization, evolution and methodological diversity. In Gelfand, M. J., Chiu, C. Y., & Hong, Y. Y. (Eds.). *Handbook of advances in culture and psychology*, Vol 5 (pp. 273-323). New York: Oxford University Press.

Banks, J.A. (1997). Multicultural education: Characteristics and goals. In J.A. Banks & C.A.M. Banks, (Eds.). *Multicultural education: Issues and perspectives* (3rd ed.) (pp. 3–31). Boston, MA: Allyn and Bacon.

Banks, J., Cochran-Smith, M., Moll, L., Richert, A., Zeichner, K., LePage, P., Darling-Hammond, L., Duffy, H., & McDonald, M. (2005). Teaching diverse learners. In L. Darling-Hammond & J. Bransford (Eds.). *Preparing teachers for a changing world: What teachers should learn and be able to do* (pp. 232–274). San Francisco, CA: Jossey-Bass.

Darling-Hammond, L., Bransford, J., LePage, P., Hammerness, K., & Duffy, H. (2005). *Preparing teachers for a changing world: What teachers should learn and be able to do*.

San Francisco, CA: Jossey-Bass.

Deardorff, D. K. (2006). Identification and assessment of intercultural competence as a student outcome of internationalization. *Journal of Studies in International Education*, 10(3), 241-266.

Delpit, L. (1995). *Other people's children: Cultural conflict in the classroom*. New York, NY: The New Press.

Earley, P. C., & Ang, S. (2003). *Cultural intelligence: Individual interactions across cultures*. Stanford, CA: Stanford University Press.

Gay, G. (2002). *Culturally responsive teaching: Theory, research, and practice*. New York, NY: Teachers College Press.

Goh, M. (2012). Teaching with Cultural Intelligence: Developing multiculturally educated and globally engaged citizens. *Asia Pacific Journal of Education*, 32(4), 395-415.

Hammerness, K., Darling-Hammond, L. & Bransford, J. (2005). How teachers learn and develop. In L. Darling-Hammond & J. Bransford (Eds.). *Preparing teachers for a changing world: What teachers should learn and be able to do* (pp. 358-389). San Francisco, CA: Jossey-Bass.

Hu, S., & Kuh, G. D. (2003). Diversity experiences and college student learning and personal development. *Journal of College Student Development*, 44(3), 320-334. doi:10.1353/csd.2003.0026.

Kappler Mikk, B., & Bjarnadottir, T. (2017). Intercultural facilitation. In B. K. Mikk and I. E. Steglitz (Eds.). *Learning across cultures: Locally and globally* (p.139). Washington, DC: NAFSA Stylus.

Kolb, D. A. (1984). *Experiential learning: Experience as the source of learning and development* (Vol. 1). Englewood Cliffs, NJ: Prentice-Hall.

Ladson-Billings, G. (2009). *The Dreamkeepers: Successful teachers of African American children* (2nd ed.). San Francisco, CA: Jossey-Bass.

Leung, K., Ang, S., & Tan, M. L. (2014). Intercultural competence. *Annual Review of Organizational Psychology and Organizational Behavior*, 1, 489-519.

Palmer, P. J. (2000). *Let your life speak: Listening for the voice of vocation*. New York: Wiley.

Pascarella, E. T., Edison, M., Nora, A., Hagedorn, L. S., & Terenzini, P. T. (1996). Influences on students' openness to diversity and challenge in the first year of college. *The Journal of Higher Education*, 67(2), 174-195.

Tinto, V. (2003). Learning better together: The impact of learning communities on student success. (Promoting Success in College Higher Education Monograph Series No. 2003-1). Syracuse, NY: Syracuse University.

Whitt, E. J., Edison, M. I., Pascarella, E. T., Terenzini, P. T., & Nora, A. (2001). Influences on students' openness to diversity and challenge in the second and third years of college. *The Journal of Higher Education*, 72(2), 172-204.

第 3 章

ファシリテーションにおける倫理

中井　俊樹

はじめに

　文化的に多様な学生を対象としたファシリテーションにおいては、教員が説明するだけでなく、学生に意見を求めたり、学生の質問に回答したり、学生間で議論をする機会をつくったり、学生にフィードバックを与えたりするなどのさまざまな場面があります。その過程では、文化の違いにもとづいた意見の対立が生じたり、教員の言動によって学生が不適切な対応をされたと感じたりすることがあるでしょう。本章では、ファシリテーションを実践するうえでの留意すべき倫理について考えていきます。

3.1　ファシリテーションにおける倫理を理解する

3.1.1 ファシリテーションには倫理が求められる

　教員はファシリテーションを進めるうえで一定の裁量を与えられています。しかし、裁量があるからといって何をやってよいというわけではありません。例えば、約束したことを守らない、学生間で不公平な扱いをする、多様な学生の意見を尊重しないなどは、教員としてふさわしくない行為と言えるでしょう。教員としてやってよい行為とやってはいけない行為があるのです。そのような行為の規範となる原理を倫理と呼びます。特に文化的に多様な学生を対象としたファシリテーションにおいては教員が倫理と照らし合わせて留意すべき点が少なくありません。

3.1.2　学生に対して大きな力をもつ

　ファシリテーションをおこなううえでは、「グループをつくってこの問題を議論してください」「レポートを 2 週間後までに必ず提出してください」というように、教員から学生に指示を与える場面があります。そのような場面で、学生はなぜ教員の指示に従って行動するのかについて考えたことがありますか。実際、教員を心から尊敬しているというよりも、単位を修得し卒業したいから指示に従っているという場合も少なくないでしょう。

　当然ながら教員と学生の関係は国によって違いがあります。文化的に多様な学生を対象にファシリテーションをする場合は、教員と学生の関係の違いに敏感になっておく必要があるでしょう。一方、教員と学生の関係には共通するものがあります。それは、教員と学生に、評価をする者と評価される者との間の非対称な関係があることです（中井, 2019）。教員は学生の成績を判定し単位を認定します。単位や卒業の認定によって教員は学生に対して大きな力をもっていると言えるでしょう。学生が学習を進める背景に教員のもつ力の存在があることは否定できません。教員は学生に対してもつ力を自覚しなければなりません。パワーハラスメントは、力をもつ者がおこなう不適切な行為です。大きな影響力をもつからこそ、倫理的なファシリテーションが必要になるのです。

3.1.3　明るみになりにくい構造がある

　学生を対象としたファシリテーションは、教室のように外部から閉ざされた空間でおこなわれることが多いでしょう。教員は基本的に単独で授業をするため、どのように授業を進めているのかは同僚の教員も知りえないことが多いでしょう。そのため、物理的に倫理に反する行為が明るみになりにくい構造があると言えます。

　また、倫理に反する行為も学生の学習のための行為だったと当事者の教員が正当化してしまう可能性もあります。例えば、長い時間にわたる叱責であっても、「結果的に学生の学習につながったのでよかった」と捉えると、教員のみならず学生も納得してしまうおそれがあります。倫理の判断において帰結主義という考え方がありますが、結果がよかったら過程の不適切な行為が正当化されることはありません。

3.1.4　ロールモデルとしての役割をもつ

　教員は学生のロールモデルの役割を担っています。教員が意識していない場面でも学生は教員の言動を観察し、模倣することで学習します。学生は教員のファシリテーションの方法を観察することで、自分自身がファシリテーションをおこなう時の参考とするでしょう。例えば、学生がグループでのディスカッションを進める際には、教員のディスカッションでのファシリテーションは参考になります。

　教員が倫理上不適切なファシリテーションをおこなってしまったら、それが学生のファシリテーションの方法にも悪影響を与えかねません。教員の行動が学習者に影響を与えることを常に理解しておく必要があるでしょう。

3.2　倫理的な問題に対応する

3.2.1　法律や規則にそって行動する

　倫理的な問題に適切に対応するにはどのようにしたらよいでしょうか。まずは、明文化されたルールを守ることから始めましょう。明文化されたルールの代表として法律があります。法律は、国が定めたルールであり、どのような行為が正しいのか正しくないのかを示しています。

　例えば、学校教育法第11条には、「校長及び教員は、教育上必要があると認める時は、文部科学大臣の定めるところにより、児童、生徒及び学生に懲戒を加えることができる。ただし、体罰を加えることはできない」と記されています。不正行為などをした学生に対して、懲戒として一定期間の停学処分にすることはできます。しかし、どのような場合においても体罰は許されないことがわかります。教育関係の法律以外にも、個人情報の取り扱いやハラスメントに関する法律なども倫理的な教育を実践するうえで参考になるでしょう。

　また、所属組織における規則も守るべきルールと言えます。大学教育に関するルールは法律では大まかに定められ、詳細は各大学の規則で定められる場合が少なくありません。そのため、所属組織の規則は理解しておくべきでしょう。例えば、授業の方法、単位修得に必要な授業の出席回数、成績評価の方法、公欠の取り扱い、試験中の不正行為者への対応、成績評価に対する異議申

し立てへの対応、ハラスメントに関する具体的な指針などは、関連規則や学生
向けの冊子などで確認しておきましょう。

3.2.2　倫理綱領にそって行動する

　国が定める法律とは異なり、専門職団体等が自主的に定める行動の規範とし
て倫理綱領があります。専門職は一定の行動規範を共有することが重要だから
です。教員の場合は、日本教職員組合による「教師の倫理綱領」がありますが、
そもそも倫理綱領を共有する専門職団体に多数の教員が所属していないという
課題があります。

　教員の行動の規範として倫理綱領を定める組織もあります。北海道大学や筑
波大学のように教育に特化した倫理綱領を定めている大学もあります。倫理綱
領と呼ばずに、倫理憲章、ガイドライン、行動規範、求められる教員像などと
してまとめられることもあります。また、教員や大学が所属する学協会が倫理
綱領を定める場合もあります（日本看護系大学協議会教育研究倫理検討委員会, 2008）。
そのような倫理綱領は、教員が自分自身の活動を点検し、倫理的な課題に対し
てどのように対応したらよいかの指針になるでしょう。

3.2.3　教育倫理の原則を理解する

　教育における倫理にはなんらかの原則があるのでしょうか。このことを考え
る前に、医療においてどのような倫理が求められるのかを紹介しましょう。医
療において倫理的な問題に直面した時、医療従事者はどのように対処すべきか
をまとめた医療倫理の四原則があります（ビーチャム、チルドレス, 2009）。四つの
原則とは、自律性の尊重、無危害、善行、公正から構成されます。これらの原
則によって、医療の倫理的な問題に対して統一的に検討するための理論的な基
礎が提供されることになりました（赤林編, 2005）。医師と患者の関係は教員と学
生の関係と類似点もあるため、四つの原則は教育においても重要な示唆がある
と言えるでしょう。

　医療における倫理の原則と比較すると、教育における倫理の原則は十分な議
論が重ねられてはいません。しかし、教育における倫理の原則を提示する研究
者もいます。例えば、事例を通して八つの原則を提示している研究者もいます

（Macfarlane, 2004）。八つの原則は、尊重（respectfulness）、配慮（sensitivity）、矜持（pride）、勇気（courage）、公平（fairness）、寛容（openness）、自制（restraint）、同僚性（collegiality）から構成されます。ただし、それらの原則は適度であることも求められます。例えば、尊重については過少であると無礼になり、一方過大になると過保護になり、問題があると考えられています。

表3.1　教育倫理の八つの原則

尊重	学生の人格を尊重する
配慮	個々の学生のニーズや状況に配慮する
矜持	矜持をもって教育活動に従事する
勇気	勇気をもって新しい取り組みに挑戦する
公平	学生を公平に扱う
寛容	さまざまな意見に寛容に対応する
自制	教員自身の考え方や立場の表明を自制する
同僚性	支え合い高め合う同僚のような関係を目指す

Macfarlane（2004）をもとに筆者作成

3.2.4　自分自身での判断の重要性を理解する

　定められた法律、共有された倫理綱領、教育倫理の原則は、教員が倫理的な判断を必要とする場面において役立つでしょう。しかし、自ら考えずにそれらに沿って行動すればよいというものではありません。なぜなら、本来倫理とは、個人が批判的思考をもって丁寧に検討すべきものだからです。実際、専門職の倫理綱領には、内的基準である倫理と外的基準である規定の間に根本的な矛盾があると指摘されることもあります（西村, 2006）。また、倫理綱領や教育倫理の原則には抽象的な表現が多く、日常の教員のさまざまな具体的な行為の善悪を判断できない場合があります。

　そのため、教員自身の倫理観を高めていかなければなりません。単に明文化されたルールに沿って行動するのではなく、その行為が教員としてふさわしいかどうかを自らが判断して行動する姿勢が求められます。そのような姿勢をもつことで、法律や倫理綱領などでは十分に判断できない具体的な行為についても検討することができるようになるでしょう。

　倫理的な問題に対応するには、まずは倫理的な問題に気づくことが重要です（藤原, 2016）。そのためには二つの視点が重要であることが指摘されています（上月, 2021）。一つは自分自身に対する理解です。自分のもつ教育観、学生像といった価値観や自分の感情のもつ傾向をあらためて理解することです。もう一つは、他者の視点に立つことです。特に文化的に多様な学生に対して、自分の行動がどのように捉えられるのかを想像することが重要です。

　教育における倫理的な問題は明確に解決できるものだけではありません。複数の価値が葛藤する場面も多いでしょう。そのため、教員ができることは、各場面でしっかりと検討してもっとも適切と考える選択肢を選ぶことです。重要なことは、自分の行為についてその根拠を他者に説明できるかどうかと言えるでしょう。

コラム3.1　新しい技術と倫理

　新しい技術が登場すると、教育に新たな変化をもたらします。近年の生成AIの登場により、その翻訳や校閲などの機能を活用すれば、文化的に多様な学生の学習や交流を豊かにする可能性があるでしょう。一方で、新しい技術は、新しい倫理的な課題をもたらします。レポート作成をする際に学生に生成AIの使用を許可するのか、生成AIを用いて作成したと思われるレポートをどのように評価するのかといった課題があります。大学や文部科学省に方針を明確にしてほしいと要望する教員もいますが、学生の望ましい学習を実現するために教員がどのように対応するべきなのかと自ら考えて行動し、その行動の根拠を説明できることこそが重要と言えるでしょう。

3.3　さまざまな倫理の論点を理解する

3.3.1　多様な学生のもつ不安に敏感になる

　文化的に多様な学生に対するファシリテーションにおいて、倫理的な課題にはどのようなものがあるのでしょうか。ここでは、倫理的なファシリテーションの論点をテーマ別に紹介します。

　まずは、多様な学生のもつ不安を理解することから始めましょう。多様な学

生が抱える不安には次のようなものがあります。「私はここにいてよいのだろうか」「教員や周りの学生の言葉は聞き取れるだろうか」「私の言葉は教員や周りの学生に通じるであろうか」「私は自分の考えを正直に話してよいだろうか」「私の意見を教員や周りの学生は拒絶しないだろうか」。

そのような不安を学生にもち続けさせることは望ましいことではありません。それらは学生の学習を阻害するおそれがあります。したがって、教員は多様な学生が抱える不安に敏感になりましょう。不安な状態にある学生がいないかを常に確認し、できるかぎり学生の不安の原因を取り除き不安を軽減できるようにしましょう。

3.3.2　安心して意見が言える環境をつくる

学生が自分の意見を言える環境をつくることが重要です。集団の中で自分の考えや気持ちを誰に対してでも安心して発言できる状態を目指しましょう。そのような状態は、心理的安全性と呼ばれ、組織の生産性につながることが指摘されています（エドモンドソン, 2021）。

心理的安全性が高い状況であれば、学生の意見によって、人間関係が悪化しないという安心感が共有されます。そのため、どのような発言をしても受け止めてもらえると信じることができ、思いついた考えを率直に発言することができるでしょう。一部の学生の意見に対して反対意見や異なる意見を言うことができることは、議論の質を高めることになります。

安心して意見が言える環境にするためには、まずは教員が率先してすべての学生の意見に対して尊重することが重要です。学生の意見の中には、素朴なものや風変わりなものもあるでしょう。しかし、そのような意見に対して教員が強い言葉で否定すると、その後に学生は安心して意見を言えなくなるでしょう。また、安心して意見が言える環境は教員のみで達成できるものではありません。学生に対しても安心して意見が言える環境に貢献するように伝えましょう。

コラム3.2　安心して意見が言える環境づくり

教員：「この国連の統計をふまえて、みなさんはどのように思いましたか。なんでもいいですよ。それじゃ石井さん。どう思いますか？」

石井「○○人は民度が低いと思いました」

教員：（いらだちを隠せず）「そのような意見は不適切です」

石井「えっ？」（「なんでもいいですよ」だったのに。みんなの前でひどい）

　きちんと準備せずにディスカッションを始めてしまうと、このような残念な結果になりがちです。安心して意見が言える環境をつくるには、教員の十分な準備と適切な対応が求められます。

3.3.3　教員自身のもつ偏見を自覚する

　教員は自分自身がもつ偏見に敏感にならなければなりません。なぜなら、教員の言動は学生への影響力が大きいからです。偏見にもとづく言動は学生を傷つける可能性があります。目の前の学生を理解しようとせずに、勝手なイメージをもつことが偏見につながります。

　例えば、留学生は全員日本語がうまく話せないと決めつけることは避けなければなりません。そのような前提でいると、日本語が上手な留学生に対して、「日本語上手ですね」と声をかけてしまうかもしれません。そのように言われて不快になる留学生もいるようです。

　同様に、この程度の知識ならどの学生も身についているだろうという前提で授業を進めるのは適切ではありません。また、すべての学生の両親が健在であるといった前提で話をするのも適切であるとはいえません。このような前提のもとで授業を進めると、一部の学生が排除されたと感じるおそれがあります。

　文化的に多様な学生のファシリテーションをおこなう際には、個々の文化に対する偏見に注意が必要です。特定の集団を見下すような偏見は論外です。同様に、肯定的な偏見も望ましくありません。例えば、「○○出身の学生は積極的に発言するだろう」「○○出身の学生は数学が得意だろう」「○○出身の学生は真面目に宿題をしてくるだろう」といった偏見です。それらの肯定的な偏見によって、学生は自分らしくない行動を一方的に期待されるため、負担が大きくストレスになることがあります。また、そのような偏見をもっていると、自分の予測と異なった状況に出合った時に、「○○出身の学生なのに積極的に発言できない」といった否定的な評価をしてしまいかねません。

3.3.4　教員の価値観を押しつけない

　授業においては学生に一方的に価値観を押しつけるのは倫理的に問題があります。特に教員と異なる学生の価値観を否定することは適切とは言えません。教育の本来の目的と照らし合わせて問題がある行為だと言えるでしょう。教員は学生のもっている価値観を尊重する姿勢が必要です。

　そこで難しいのは、授業の中で教員自身が自分の価値観を話すかどうかです。自分の価値観を話すと、学生がその内容が求められている考え方だと受け止めてしまうおそれもあります。実際、自分の価値観を話さず中立的な立場でいるという教員も一定数います。教員自身の考え方や立場の表明を適度に自制することは重要だと指摘されています（Macfarlane, 2004）。

　一方、学生に意見を求めておいて、自分だけ意見を述べないというのは誠実でないように感じる教員もいるでしょう。また、教員が自分の価値観を話すことで、多様な考え方に学生が触れるのも望ましいことと言えます。教員の価値観を伝える場合は、さまざまな価値観の中の一つにすぎないことを伝えたり、反対意見もあることを伝えられたりするとよいでしょう。

3.3.5　説明の方法を工夫する

　文化的に多様な学生を対象に説明する場面では、すべての学生に内容が確実に伝わるように工夫しましょう。特に課題を提示する場面では誤解がないように丁寧に説明することが重要です。

　まずは、学生に向かって口を大きく開け閉めして明瞭に話しましょう。文章の語尾をはっきりとさせたり、難解な用語はゆっくり話したりすることで、学生の聞き違いを防ぐことができます。また、話す速度にも気をつけましょう。話す速度が速すぎないかは早期に学生に確認するとよいでしょう。特に重要な内容を話す時は、速度を少し落としたり、繰り返して説明したりしましょう。さらに、口頭による説明では理解しにくい場合には、スクリーンに提示したりすることで確実に伝わるようにしましょう。

　日本語が苦手な学生が集団に含まれる時には、やさしい日本語を活用するとよいでしょう。やさしい日本語とは、日本語の学習途上の人にも理解しやすい日本語を指す言葉で、外国人材の受入れ・共生のための総合的対応策において

推進されています（外国人材の受入れ・共生に関する関係閣僚会議, 2022）。やさしい日本語は、情報を整理する、文をわかりやすくする、外来語に気をつけるなどの工夫をしたものです。例えば、「その用紙に記入してください」という場合には、「その紙に書いてください」と変換します。日本語以外の言語で説明する場面でも基本的には同じ方針で考えるとよいでしょう。

3.3.6　個人としての意見を求める

　日本人が自分しかいない集団における議論の中で、「日本人として原子力発電のあり方についてどのように考えていますか」と問われたら回答に困るのではないでしょうか。自分が属する集団全体の代表として話すように求められるのはつらいものです。なぜなら、どの集団の中にも存在する意見の違いを無視することになり、さらに自分の意見がその集団の代表でなければならないという圧力を与えられるからです。

　文化的に多様な学生を対象にディスカッションをおこなう際に、多様な学生の意見を聞いて議論を活性化したいと考えるでしょう。その時に、「あなたは、○○人としてこの問題をどのように考えますか」と学生に意見を求めると回答に困るかもしれません。では、どのように学生に意見を求めたらよいのでしょうか。それは難しいことではありません。「○○さん、あなたはこの問題をどのように考えますか」と尋ねればよいのです。つまり、ある集団の代表としてではなく、個人としての意見を求めるのです。

3.3.7　必要のない苦痛は与えない

　必要のない苦痛を学生に与えることは倫理的に問題です（中井, 2021）。教員自らが差別的な発言をするのは論外です。また、多くの学生の前で特定の学生を長時間注意したり、学生の属性や性格などを否定したりすることも問題と言えるでしょう。学生に厳しく問いただすような詰問も苦痛を与えるでしょう。また、特定の学生の発音を直したりするのも避けたほうがよいでしょう。ほめる発言であっても、多くの学生の前でされると嫌がる学生もいます。学生が恥ずかしいと感じたり、悔しいと感じたり、嫌だと感じたりする行為は可能なかぎり避けなければなりません。

　文化的に多様な学生の集団の中では、個々の学生がどのようなことが苦痛になるのかについて敏感になっておく必要があります。例えば、ボディタッチに対する考え方は出身地やそれまでの経験によって学生間で大きく異なります。自分が当たり前に考えるボディタッチでも不快に感じる学生がいることに注意をしましょう。

3.3.8　学生の利己主義に適切に対応する

　授業の中では「この学習をしたくない」「この学生と同じグループになりたくない」「宿題の締め切りを延長してほしい」「カメラをオンにして議論したくない」などの学生の要望を聞くことがあるでしょう。

　ファシリテーションにおいて学生の意見を尊重することは重要ですが、学生の意見なら何でも無条件に受け入れるべきものではありません。学生の意見の尊重と学生の利己主義は区別するようにしましょう。もちろん、頭ごなしに学生の利己主義だと決めつけてはなりません。学生に要望の理由を確認したうえで、学生が合理的な理由を説明できなければ、受け入れる必要はないでしょう。

3.3.9　課題の内容と量を調整する

　ファシリテーションにおいては、授業時間外の課題を与えることもあります。厚生労働省は、職場の中で業務上明らかに不要なことや遂行不可能な業務を押しつけることをパワーハラスメントの一つの類型にしています（厚生労働省, 2019）。これは授業においても同じような考え方が必要と言えるでしょう。教員が学生に課題を与える際には、学習目標の達成に必要な内容になっているのか、そして遂行可能な難易度や量になっているのかを確認しましょう。

　授業時間外の課題を与える場合には、単位制度をふまえた学習時間になるようにしましょう。大学設置基準では、1単位は45時間の学習とされており、それは授業時間内の学習時間と授業時間外の学習時間をあわせた学習活動全体を指しています。まずは自分の担当する授業の単位数を確認して全体で何時間の学習が期待されているのかを把握しましょう。

　多様な学生を対象とした授業では、課題を達成するのに長い時間を要する学

生がいることも意識しましょう。課題に要する時間が長くなりすぎないように
配慮が必要です。

3.3.10　学生の個人情報を保護する

　学生の個人情報を保護することも重要なことです。教員は学生のさまざまな
個人情報に触れる機会が多いです。住所、電話番号、家族構成、宗教、将来の
夢、成績、学習の悩み、病気といった学生の情報を知りえることもあるでしょ
う。本人の了解をなしに、そのような知りえた情報を第三者に口外しないよう
にしましょう。

　一方、授業時間外にグループ学習に取り組ませたいから学生の連絡先リスト
をつくりたい、優れたレポートがあったので授業中に取り上げて紹介したいな
ど、教育活動を進めるうえで個々の学生の情報を活用したい場面もあるでしょ
う。そのような場合は、個々の情報を活用する意義を学生に丁寧に説明したう
えで、事前に了解を取ったうえで進めましょう。

3.3.11　公平な評価をおこなう

　学生の評価においては公平であることが求められます。特に文化的に多様な
学生を対象とする授業においては留意すべき点がいくつかあります。

　「教員はあの学生のことが好きだから高く評価しているのではないか」と
いったように、学生に評価が恣意的であると捉えられると、教員への信頼や学
習への意欲を低下させるでしょう。評価の方針や基準を明確にして学生に丁寧
に伝えましょう。

　教員が評価をする際には無意識に偏りをもってしまう傾向があることを自覚
しておきましょう。例えば、話し方の印象がよかったり、手書きのレポートの
文字がきれいだったりする場合、その内容も優れていると感じてしまうことが
あります。逆に、日本語を母語としない学生の話し方や書いた文字によって評
価が影響されてはいけません。これは、ハロー効果と呼ばれる認知バイアスで
す。そのような認知バイアスの影響を避けるうえでも、評価の基準は明確にし
ておくべきでしょう。

　また、本当に評価したいものはどのような能力なのか、そして、多様な学生

に対してもその能力が測定できるような評価方法になっているのかを確認することが重要です。例えば、短い時間で長文を書かせる筆記試験を例に考えてみましょう。そのような評価方法の場合、学生の理解度を評価するというよりも書く速度を評価することになってしまうかもしれません。文化的に多様な学生を対象とする場合は、母語としない言語で評価される学生のことを配慮する必要があります。授業の目標の到達度を評価するというよりも、語学力を評価されることになってしまわないか確認をしましょう。辞書のもち込みを許可するなどの工夫もできるでしょう。

　すべての学生に対して同じ条件で一律に評価をおこなうことは、必ずしも公平であるとは見なされなくなっています。既に多くの大学が入学試験において活用する大学入学共通テストでは、試験時間の延長、拡大文字による試験問題、支援機器等のもち込みの許可、別室での受験などがおこなわれています。一律な評価方法では、一部の学生にとって不利になる場合があることを理解しておきましょう。まずは、すべての学生に障壁のない評価方法を検討すべきですが、どうしても一部の学生に対して特別の配慮が必要だと考えた時には実施を検討しましょう。

3.3.12　倫理の重要性を学生に伝える

　倫理的な行為は、教員だけに求められるものではありません。学生にも倫理的な行為が求められますし、より倫理的な行為が身につけられるように指導することが重要です。

　教員は、学生に対して倫理的な行為の重要性について伝えるとともに、自らが模範を示す必要があります。例えば、課題の締め切りに間に合わせるように指導していたとしても、教員自身が授業の開始時間に間に合わないことが多ければ、説得力がないでしょう。また、レポートを書く際に文献の適切な利用方法を指導していたとしても、教員が授業の資料の中に不適切な引用をしていれば、学生も文献の適切な活用方法の理解に苦しむでしょう。

　初回の授業では学生に倫理的な行為について伝えましょう。特に文化的に多様な学生の集団の中では相互の多様性を尊重することを求めましょう。教員が一方的に伝えるのではなく、学生自身が望ましい行為とはどのようなものなの

かを考えて、当事者意識をもつように導いてもよいでしょう。

　事前に伝えていたとしても、授業中に学生の倫理に反する行為に気づくことがあるかもしれません。倫理に反する行為に気づいた場合に教員は放置してはいけません。教員が倫理に反する行為を認めているというメッセージを送ってしまうことになるからです。その言動がなぜ倫理に反している行為であるかを説明したうえで、倫理的に行動することの重要性を伝える機会にしましょう。

おわりに

　本章では、ファシリテーションにおける教員の倫理はどのようなものか、倫理的な問題にどのように対応したらよいのか、ファシリテーションにおける倫理においてどのような行為が論点になるのかを紹介しました。教員は学生に対して大きな力をもつという点で倫理に対して敏感になるべきでしょう。また、倫理は法律や規則を守ることも重要ですが、その行為が良いことかどうかを自らが判断して行動する姿勢が求められます。みなさんは、以下の問いに対してどのように考えるでしょうか。

- あなたのファシリテーションの対象の学生をふまえて、文化的に多様な学生にはどのような不安があるのでしょうか。
- あなたのファシリテーションの対象の学生をふまえて、倫理という観点からどのような点に配慮をすべきでしょうか。
- あなたのファシリテーションの経験の中で、複数の価値が葛藤する場面とはどのようなものでしたでしょうか。

参考文献

赤林朗編 (2017)『入門・医療倫理 I 改訂版』勁草書房

エドモンドソン, エイミー・C. (野津智子訳) (2021)『恐れのない組織―「心理的安全性」が学習・イノベーション・成長をもたらす』英治出版

外国人材の受入れ・共生に関する関係閣僚会議 (2022)「外国人材の受入れ・共生のための総合的対応策」

勝原裕美子 (2016)『組織で生きる―管理と倫理のはざまで』医学書院

厚生労働省 (2019)『パワーハラスメント対策導入マニュアル (第4版)』

上月翔太 (2021)「変化する授業の中で倫理を問う (上) (下)」『教育学術新聞』、2860号、2861号

中井俊樹 (2019)「大学教員の教育活動における倫理とは」『教育学術新聞』令和元年5月22日号

中井俊樹 (2021)「高等教育機関の教員の役割と教育の倫理」『看護教育研究学会誌』13巻2号、pp.61‑67.

西村高宏 (2006)「専門職倫理規定の問題圏―誰のための、何のための倫理規定か」『先端倫理研究』1, pp.70‑84.

日本看護系大学協議会教育研究倫理検討委員会 (2008)「看護学教育における倫理指針」『看護教育』49巻4号、pp.306‑313.

ビーチャム, トム・L.、チルドレス, ジェイムズ・F. (立木教夫、足立智孝監訳) (2009)『生命医学倫理』麗澤大学出版会

Macfarlane. B. (2004). *Teaching with integrity: The ethics of higher education practice.* Routledge.

第4章

協同学習のファシリテーター

米澤　由香子

はじめに

　人びとの間にある多様性は、教育学習上の価値ある学習リソースにもなり、反対に克服すべき学習上の課題をもたらすこともあります。多文化環境で学ぶ学習者を方向づけ、学びをうながすファシリテーターは、この多様性のもつ二面性を認識し、理解し、活用しながら同時に、困難を乗り越えることが求められます。多くの場合、ファシリテーターは教員が担う役割とされるでしょう。しかし、実は教員だけでなく、学習者自身や学習者をサポートする立場の学生授業支援者も、それぞれの立場を活かしたファシリテーションを担うことができます。本章では、多文化学習環境をつくる教員のみでなく、そこで学ぶ学習者自身や、TAなど授業支援者によるファシリテーションについて考えます。

4.1　学習環境にある多様性

4.1.1　集まるだけでは交流は生まれない

　日本はこれまでに、留学生受入れ政策を積極的に進めてきました。新型コロナウィルスの世界的感染拡大の影響がなかった2019年には、日本における留学生数は約31万2千人に達していました（日本学生支援機構, 2023）。コロナ禍では海外からの学生数が減少し、2022年には約23万1千人となりましたが（同）、それも今後早期に元の水準に回復させようとする施策がとられています（文部科学省, 2022）。日本が留学生を積極的に受け入れることの政策的な意図としては、今後の日本社会の発展をけん引する高度外国人材の確保や、国内の大学の

教育研究の活性化や水準の向上などがあげられています（同）。これらの意図の背景には、文化的・言語的に多様な学生がキャンパスに集まることで、学生同士の学術的あるいは人間関係上の活発な交流が生まれることへの期待があると考えられます。しかし、たとえ政策の推進によりキャンパスの文化的多様性が高まったとしても、それだけで学生の間に自然発生的に交流が生まれるわけではありません。例えば、東北大学で実施された留学生を対象とする学生生活調査では、回答者（651名）のうち約93％は日本人の親しい友人が4人以下であるという結果でしたが、同じく回答者の95％は、日本人学生ともっと交流したいと答えていました（東北大学高度教養教育・学生支援機構グローバルラーニングセンター, 2020）。留学生が日本人学生との交流を望んでいても、実際にはさまざまな理由から思うほどには実現できていない状況が見えてきます。

　このように、多様な学生をキャンパスに集めるだけでは学生同士の意味ある交流は生まれません。そこにはなんらかの意図的な仕掛けが必要です。そしてより重要なこととして、その仕掛けの実践を通して、キャンパスに集まる人々全体の考え方が変わらなければ、そこにある多様性が学生や大学に質の良いインパクトをもたらすことも、あまり期待できないでしょう。

4.1.2　多様性のマネジメント

　多文化学習環境をつくる時に求められるのは、多様性のマネジメントです。ここでいう多様性とは、外見や使用する言語など表層的な部分の多様性だけではありません。私たちはそれぞれ、個別具体的な経験の積み重ねにより、固有の思考パターンや行動様式などのメンタル・プログラム（ホフステードら, 1995）を形成しています。そのメンタル・プログラムを通した言葉やふるまい、行動などが一人ひとりから表出され、その表出されたものの間に違いが認められると、それが私たちの間にある多様性として認識されます。これらの多様性自体は価値中立的なものですが、その多様性を教育や学習上の目標に向けて価値づけ、活用しようとするアプローチが、多様性のマネジメントです。

　世界の大学には、構成員の多様性を大学の成長と発展に活かすためのマネジメントが盛んに進められているところがあります。とりわけ、長い時間をかけて移民を受け入れ、多文化社会を形成してきた国々では、多様性マネジメント

を積極的に進めている大学も少なくありません（コラム4.1）。

　近年は、日本の大学でも「多様性と包摂性」（Diversity and Inclusion）、あるいはそれらに「公平性」（Equity）も含めたスローガンのもと、さまざまな組織的取り組みが急ピッチで進められています。今のところ、日本の大学においては、多様性に関するマネジメントというと女性研究者や外国人研究者に注目がいくことが多いでしょう。もちろん、女性研究者や外国人研究者を取り巻く環境改善は現代の日本の大学改革にとって大変重要な課題であることは間違いありません。しかし、本来の多様性の対象はもっと広く、ジェンダーや国籍等に加えて「文化的、言語的、民族的、宗教的、そして社会経済的な相違を含むもの」といえます（OECD 2010=OECD教育研究革新センター, 2014: 31）。また当然ながら、大学構成員は研究者や教員だけではありません。今後は、学生や教職員などあらゆる人々を対象とした幅広い範囲の多様性マネジメントが、教育、研究、社会貢献のそれぞれの領域で進んでいくものと考えられます。

コラム4.1　教育における多様性のマネジメント

教育における多様性と包摂性を推進するために全学的支援を進めている先進的な例としては、カナダのクィーンズ大学があります。この大学では、教育学習センター（Centre for Teaching and Learning）の専門家が大学の個々の教員に対し、その教員が担当する授業や教育プログラムの設計、計画、総括のプロセスに公正さと包摂性の視点を取り入れるためのさまざまなサポートを提供しています（Queen's University, n.d.）。

また、オーストラリアのモナシュ大学でも、「学生の多様性と包摂性」として社会経済状況、LGBTIQA+、先住民族、障害、人種、ジェンダーにおける幅広いアイデンティティや特性を網羅し、対象学生への奨学金や報奨制度、教育学習サービス、教員のためのガイドラインなどのサポートを展開しています（Monash University, n.d.）。

4.1.3　多様性を学習環境に取り入れる

　こうした組織的な多様性のマネジメントは、教員の日々の教育実践にも大きく影響します。そのため、自身が所属する大学には構成員の多様性に関するど

のような方針や実践があり、自身が設計する教育学習が多様性マネジメントの観点からみて適切なものになっているかということを把握しておくことが大切です。加えて、世界の大学にはどのような取り組み事例があり、高等教育における多様性のマネジメントは概してどのような方向に進んでいるのかということも、できるかぎり知っておくとよいでしょう。なぜなら、私たちが教室で出会う学生は日本国内だけでなくさまざまな国や地域で育ってきた可能性があり、それぞれの学生はこれまでの生活環境や学習経験から形成してきた固有のメンタル・プログラムを携えて教室にやってくるからです。

　日本で優勢な考え方や、いわゆる「常識」とされるような慣習、慣例をなかば無意識に学習環境にもち込み、「こちら側」のやり方に倣わせようとするのではなく、違いを互いに認識したうえで、すべての学生がそれぞれのアイデンティティを大切にしながら学びを深めていけるように学習環境や教育方法を修正していくという考え方、つまり包摂を基礎とした共生のあり方（Brussino, 2021）を目の前の学生とともに考えていくという姿勢が、多文化環境での教育のあり方として求められています。

4.1.4　「内なる国際化」に必要なファシリテーター

　「内なる国際化」（Internationalization at Home）とは、国境を越えて移動する学生だけでなく、移動しない大多数の学生や大学の教職員も含め、キャンパスに集うすべての人々が文化的多様性の恩恵を受けることを目指すプロセスのことです（Wächter, 2000）。EU を中心とした欧州の高等教育界で生まれたこのスローガンは、社会や経済のグローバル化を経て今ではアメリカ、オーストラリア、そして日本の高等教育機関でも広がりを見せています（米澤, 2019）。

　「内なる国際化」を美しい理想に終わらせず現実のものにするためには、キャンパスを構成する人々がそこにある多様性に意識を向けることが重要になります。そして、その意識化を助ける存在がファシリテーターです。次節以降では、多文化環境での学習を設計する教員、学習者、そして授業支援者のファシリテーターとしての役割について考えてみましょう。

4.2　多文化環境を整え、学びに活かす教員

4.2.1　多様性に関する教員の認識と課題

　学習者に対しなんらかの良い効果をもたらす教員となるためには、まず学習者の間にある多様性を認めること、そしてその認識の上に立ち、多様性を尊重し合う場となるよう学習環境を整備することが重要です。このような考え方は世界各国の教育者の間で比較的広く共有されているようです。2008年におこなわれた40ヵ国を対象としたOECD調査によれば、(回答者のうち教職者は小中学校や高等学校段階で教える者がほとんどですが) 教員の70% が、効果的に教えるためには多様性への意識や配慮が「きわめて重要」または「非常に重要」だとしています (OECD, 2010; 299＝OECD教育研究革新センター, 2014; 375)。

　しかし、同調査で同じく明らかになったことは、そうした多様性への意識と配慮の重要性を十分にわかっているにもかかわらず、実際に教える時に教室内の多様性に対する準備ができていたという教員の回答者は34% にすぎず、一方で66% は「どうにか準備できていた」または「まったく準備できていなかった」と回答していました (OECD, 2010; 301＝OECD教育研究革新センター, 2014; 379)。さらに、具体的に学習者間の多様性のどのような点に対して準備不足や課題を抱えていたかという質問に対しては、「教室で使用する言語能力が十分でないこと」(49%)、「文化的な違い」(42%)、「身体上の、あるいはふるまいの違い」(42%) といった回答が続きました (OECD, 2010; 305＝OECD教育研究革新センター, 2014; 379)。多様性への意識やその重要性をわかっていても、実践場面ではやはり準備不足を感じてしまうという、理想と実際のギャップに悩む教員は少なくないようです。これらの課題は、大学における学習環境にも共通するものがあると言えるでしょう。

4.2.2　教員が担う多文化環境における学びのファシリテーション

　教室にいるすべての学生が対話やグループワークなどの協同学習に積極的に参加し、お互いの学習を支え合い、共に学ぶ状態をつくることが、多文化環境学習の理想と言えるかもしれません。しかし実際には、「授業で使用する言語をうまく使いこなす学生ばかりが話し、うまく話せない学生が取り残されてい

く」「ディスカッションの経験の浅い学生が話し合いに十分に参加できず、やがてフリーライダー化してしまう」「なぜ協同学習をおこなうのか、理由や目的がわかっていない学生がグループワークに参加してくれない」といった声も、多文化環境の協同学習においてはよく聞かれます。このような状態をそのままにしておくと、やる気に満ちていた学習者のモチベーションが徐々に低下し、クラス全体の学習成果にも影響しかねません。

　このような場合には、学習者がおちいりそうな問題にあらかじめ対策を施し、それでも実践において学習者が不調を示すシグナルを発したらファシリテーターとして適切に対応するなど、環境整備の修正や調整を図りましょう。反対に、協同学習がうまくいっている事態では、教員は見守り役に徹します。教員のファシリテーションにおいて重要な点をまとめると、それは「雰囲気づくり」「観察力」「柔軟性」の3点になるのではないでしょうか（堀・加藤, 2008）。

　まず、「雰囲気づくり」では、これから始める学びに対し知的好奇心を起こさせるよう学習環境を整えます。教員は授業の進め方や課題などを周到に計画する以外にも、教室ではファシリテーターとして、笑顔やオープンな姿勢で現場に臨み、穏やかに自信をもって学生に向き合うようにしたいものです。こうした準備や態度・姿勢が、学びの雰囲気づくりに好影響をもたらします。

　次に、「観察力」とは、場の状況や進行をよく見る力です。協同学習がうまくいっていれば見守り、学習がさらに良い方向へと進むように効果的な質問をしたり（第7章参照）、学習者が客観的な視点を得られるように学習状況を俯瞰し、今起きている学びの内容やプロセスの状態を学生に伝えたりします。反対に、協同学習などにおいて混乱や衝突や行き詰まった様子が見られる時には（第6章参照）、適度な頃合いをみて介入し、場をつくり直すようにします。仮にすぐには修復できないとしても、何か問題が起これば調整を図ってくれるファシリテーターがいるということがわかっているだけでも、学習者の間には安心感が生まれます。

　「柔軟性」は、学習の目的に照らし、状況に応じて計画を変更することができる姿勢です。周到に計画していても実際の場面でその通りにいかないのはよくあることです。起きた状況に対し冷静に構え、学習者の目的・目標にとってもっとも良い方法をその場の状況に応じて分析し、計画の修正を図ってみま

しょう。その際、おこなった変更点とその結果を後で振り返り、記録しておくと、経験を柔軟性の向上に活かすことができます。

4.2.3　多文化環境での授業計画と実施におけるチェックポイント

　ここでは、多文化環境を取り入れた授業の計画と運営におけるチェックポイントを整理します。これらは国際共修（コラム4.2）を取り入れた教育活動をおこなう教職員を対象としたワークショップなどの実践をもとに、主に教員によるファシリテーションの観点から整理したものです。もちろん、すべての項目を網羅する必要はありませんし、授業の目的や方法によっては当てはまらないものもあるでしょう。また、不足している視点もあるかもしれません。多文化環境にかぎらない、より広い学習場面に当てはまることも含まれています。それぞれの授業目的などに照らして、効果的なものを取り入れたり追加したりなどしてください。

⑴ 授業計画段階
　1) 学習目的・目標
　□ひとの考え方やふるまい方、ものごとへの取り組み方は多様であることを
　　理解することが学習目的・目標に含まれているか
　□自身と他者がそれぞれ依拠する文化を知り、文化を相対的に捉える視点を
　　得ることが学習目的・目標に取り入れられているか
　□ともに学ぶ他者との協力関係を築くことで学びを深めるという点が学習目
　　的・目標に含まれているか
　□異文化理解力や多文化間コミュニケーション力など、多様性に向き合うた
　　めのスキルを高めたり、文化に真摯に向き合う姿勢・態度を獲得すること
　　が学習目的・目標に取り入れられているか
　2) 学習課題
　□文化的・言語的に多様な学生が協同して取り組むことが求められる課題を
　　学習内容に組み込んでいるか
　□そのような協同学習を取り入れるタイミングは適切か
　□課題は簡単なものから複雑でより努力を要するものへと段階づけられてい

るか
□協同学習の前や後に個人の事前学習や振り返りを組み入れるなど、協同学習と個別学習のバランスが考慮されているか

3）使用言語
□授業で使用する言語とその運用上の難易度は、対象となる学習者の学習目的・目標に適したものか
□授業で使用する言語と求める運用レベルをシラバスなどで明らかにしているか
□使用する言語の運用能力に学生間で違いが見られる場合の対応方法を計画しているか
□使用言語の習熟度の成績評価への影響の有無を明らかにしているか

4）評価
□課題や評価基準は文化的・言語的背景が多様な学生群を公平に評価するように設定されているか
□協同学習と個別学習の成果がそれぞれ学習到達目標とどのように関連するかを示しているか
□協同学習と個別学習のそれぞれのどの側面がどのような基準で成績評価されるかを明らかにしているか

(2)　授業実施段階
　1）コースの初期段階
□授業の目的、学習到達目標、課題、成績評価などの基本的事項が文化的・言語的に多様な学生に公平かつ十分に伝わっているか（例：シラバスでの明記と授業での口頭説明の併用）
□当該授業で求められる学習上の望ましい姿勢や行動、知識などを学生に伝えているか
□文化的・言語的多様性を活かすための学習上のルールを明確にし、すべての学生がそれを理解し実行できるようになっているか（例：グラウンドルールの設定や、それが守られなかった場合の対応方法などルールの効力についての共通理解）

□ 毎回の授業の冒頭で学習目的や目標を示すことで、各回の学習意欲を喚起しているか

□ 学生同士がお互いにとって友好的で効果的な学習者として貢献できるような学習環境をつくることができているか（例：互いの呼び方や得意なこと、苦手なことなどを伝え合う）

□ 学生の知的好奇心を刺激し、主体的に学ぼうという姿勢を得られるような学習活動を取り入れているか（例：学習対象を学生の経験や生活と関連づける学習内容）

□ TA など授業支援者（本章4.4節参照）と学生が円滑にコミュニケーションを取れるよう工夫しているか（例：学生への TA 紹介や TA の進行によるアイスブレイカーなどの交流アクティビティ）

2）コースの中期段階

□ コーススケジュールでの現在地を示すことで、コース全体のプロセスにおける進度や学習上の自身の成長度を把握しやすくしているか

□ なぜこのコースで学ぶのかということについて、学生が定期的に意識づけられているか（例：コースの目的や学習到達目標を繰り返し示す）

□ 教員が学習者のよきモデルとなりえているか（例：効果的な質問をする、議論や対話の進行をデモンストレーションする、わからないことや知らないことがあれば率直にそう伝え学ぼうとする姿勢を示す、手助けがほしい時に頼る、失敗や誤解に丁寧に対応する）

□ 効果的な協同学習をうながすためのサポートができているか（例：心理的安全性やコミュニケーションにおける個人の志向（第6章参照）など、チームビルディングに有用な概念の講義と体験学習）

□ 学生の学習プロセスや課題の進度を適切なタイミングで把握する仕組みがあるか（例：オフィスアワーでの面談やプロジェクトの中間発表）

□ 学習の途中経過に対するフィードバックを教員や授業支援者、または仲間から得ることで、学生が自身の学習内容や学習進度、学習方略などについて自己調整できる仕組みがあるか

□ 遅刻や欠席が目立ったりモチベーションの低下が見られるなど低調なサインを示す学生を把握し、適切に対応できているか（例：遅刻や欠席が続く学

生へのタイミングの良い連絡、協同学習に十分に参加しなかったり不満を示す学生への声がけや面談）

□ 使用言語の運用に課題が見られる学生に対するサポートができているか（例：学内外の学習支援や語学学習サービスなど学習サポートに関連する情報提供）

3）コースの後期段階

□ 学習到達目標の達成度合いについて学習者が自己評価できる活動が用意されているか（例：学習目標達成度に関する自己評価ワーク）

□ 学んだ内容やものごとの捉え方、文化に向き合う姿勢、学習スタイル、チームワークなどがコースでの学習を通して変化していった様子を俯瞰できる機会があるか（例：リフレクティブ・ジャーナル）

□ コースでの自身の学習上の成長や気づきなどを表明できる機会を設けているか（例：コース終盤で個々の学生に発言機会を与える）

□ コースで学んだことや学習上の成長が、学生のその後の学習やキャリア、人生にどのように関連しうるかを伝えているか

□ コースが終了した後も仲間と学習コミュニティを維持することができるよう、学生を励ましているか（Arkoudis et al., 2010）

4.3　学習者が互いのファシリテーターとなる

4.3.1　学び合いの価値を学習者自身が理解する

　仲間と協力しながら学び合うという姿勢が現代の大学教育で重視されていることは、多くの教員が知っているでしょう。しかし、学生も教員と同様にそのことを知り、理解しているとはかぎりません。文化的・言語的に異なる背景をもつ学習者が集まる場合はより一層、学び合いという学習スタイルに対する見解は異なるでしょう。

　学び合いの姿勢に関して自身と他者とでは異なる考えをもつ可能性があることを知り、互いにどのように学習への取り組み方を調整していけばよいのか、学習者自身が考える機会をつくりましょう。学習者が考えるべきポイントは、「理由」「意義」「方法」の3点です。大学ではなぜ学び合いが必要とされるのか（理由）、協力し合って学ぶことが競争することよりもどのような点で優れてお

り（意義）、どうすれば学び合いがうまくできるようになるのか（方法）、教員か
ら学生に問いかけたり学生同士で話し合うなどして、学習者がこれらの３点に
ついて納得することで、学び合いへの姿勢を整えることが可能になります。

　まずは担当する授業において、学び合いの「理由」「意義」「方法」をシラバス
に明記したり、授業内でこれらをディスカッションをしてみるなどして、学生
の学び合いに対する意識化を図りましょう。また、グループワークなど協同作
業を始める前は、守るべきグラウンドルールの設定や、仲間同士で意見を出し
やすい雰囲気をつくるアイスブレイカーやブレインストーミングなど、協同学
習の土台づくりのための時間をたっぷりと設けるのが効果的です。そして、実
際に効果的な学び合いが見られた時は、こまめなフィードバックをおこなうな
ど積極的に評価しましょう。これらの取り組みを繰り返すことで、やがて学生
同士が互いの学びを引き起こすファシリテーターの役割を担うことが増え、教
員がことさら強調しなくても自律的に学び合いを進めていくという結果につな
がります。

4.3.2　ピア・ラーニングの特質

　学び合いはピア・ラーニングとも言われます。ピア・ラーニングは、同じ学
習者という立場の仲間と支え合いの関係性を築きながら、自ら学びのプロセス
を進めていく学習形態です。中谷と伊藤は、このように協調して学ぶ事態での
学習者同士の関係性にあるべき特徴として、「互恵性」「対等性」「自発性」をあ
げています（中谷、伊藤, 2013: 3）。

　「互恵性」は、仲間がお互いに教えたり教わったりなどの役割交代をしつつ、
互いから得るものを通して学びを深めていく関係性の特徴を示します。どちら
か一方からのみでなく、双方が相手の学習の成功のために支援し合う関係性で
す。「対等性」は、同じ立場を活かして互いの力を活用するという特徴です。
例えばレポートのピア・レビューをしたり、プレゼンテーションの本番前にお
互いのパフォーマンスを見て忌憚のない意見を出し合うことは、フラットな関
係性だからこそ効果的なのでしょう。そして「自発性」は教員など指導者から
の指示を受けるのではなく、自ら情報を得たり解決策を考えたりなどして問題
に取り組む姿勢が見られる関係性の特徴です。内発的に動機づけられている学

習者同士で学びが進められる時、このような特徴が表れるものです（中谷、伊藤、2013; 3）。

　これらの特徴が学習環境に現れるようにするためには、仲間との関係性において、自分が受け入れられている、素直でいられる、仲間に遠慮なく助けを求めることができる、もし何か失敗をしたとしてもとがめられない、仲間が失敗した時は解決に向け協力したい、などと思える状態、つまり「みんなが気兼ねなく意見を述べることができ、自分らしくいられる文化」という心理的安全性（エドモンドソン、2021; 4-5）を学習環境に築くことが重要です。他者との文化的距離感から心理的な距離を感じやすい多文化環境では、心理的安全性はとりわけ重要な概念といえます。

4.3.3　互いの違いを学びに活かす

　中谷と伊藤（2013）は、学び合う人同士の上述のような三つの関係性の特質に加え、四つ目の特質として「類似性」をあげています（pp.3-4）。すなわち、学び合う仲間の認知的、情意的、外見的側面が近く、類似していることが、ものごとの理解をうながすというものです。学習することについて先に理解が進んでいるクラスメイトから教えてもらう方が、教員から教わるよりも解にたどりつきやすかったり（認知的側面の類似性）、仲間が興味をもっていることには興味をもちやすくなるため理解や修得が早かったり（情意的側面の類似性）、体の大きさなどの身体的特徴が似ていると互いに模倣しやすく技能修得がスムースだったり（身体的側面の類似性）などが、この「類似性」に含まれます。

　基本的に同一年齢で進級・進学する「年齢主義」を採用する日本の初等・中等教育段階では、このような類似性が学び合いにポジティブな影響を与えることも少なくないでしょう。他方、既に述べたように大学での学習環境には、初等・中等教育段階と比べれば学習者間の認知、情意、外見上の類似性がそれほどあるとはいえません。しかし、これらの類似性が高くないからといって大学生の学び合いが進まないということではなく、むしろ条件を整えれば、違うということこそが重要な学習リソースになりえます。その条件としては、自身と他者の違いを客観的に捉え分析する自己省察力、即ちメタ認知能力がカギとなります。

4.3.4　メタ認知としての異文化間能力

　メタ認知は、ひとが自分自身や他者の認知活動について、高次の段階からそれらを意識したり理解したりすることです（三宮, 2018）。多文化事態ではこのメタ認知能力が学習をうながすカギの一つとなります。メタ認知能力を駆使しながら、ひとがさまざまな知識やスキル、特性や態度を活性化させることを表したモデルとして、ディアドルフ（Deardorff, 2006）の異文化間能力のプロセスモデルがあります。このモデルは、学習者が態度、知識および理解、そして自身の内面と外面における成果（アウトプット）の4段階での経験を自ら循環させることで、異文化間能力を発達させていくことを示しています。さらに、このモデルは、「態度」がひとが異文化間能力を発達させる第一段階において重要であると強調しています。つまり、自分と異なる文化を大切にする姿勢や、異なる価値観に対してすぐに反応することなく判断を保留するといった思慮深さ、あいまいさに耐え、状況に対し好奇心をもつこと、といったような態度を涵養することが、異文化間能力の発達には特に重要とされています。

　自己と他者の文化的・言語的な多様性を学び合いに活かす際には、これらのような態度や姿勢でもって学習に臨み、その学びのプロセスにおいて自分自身が変化していくことを自己省察できるような学習課題を設定するなどして、学生のメタ認知能力の発達をうながすことができるでしょう。

4.4　TA や先輩学生など授業支援者がファシリテーターとなる

4.4.1　TA によるファシリテーション

　多文化学習事態でファシリテーターを務めることができるのは教員のみではありません。TA（ティーチング・アシスタント）などの先輩学生も、状況次第でその役割を担うことができます。TA とは、「優秀な大学院学生に対し、教育的配慮の下に、学部学生等に対するチュータリング（助言）や実験、演習等の教育補助業務を行わせ」る制度（文部科学省, n.d.）を指します。2008年の学士課程教育の構築に向けた文部科学省中央教育審議会答申では、学生の主体的な学びに向けた具体策の一つとして TA の積極活用をあげ、「授業における指導（例えば、ディスカッション、討論など）への参画、授業外の学習支援など、TA の役

割を一層拡大する」ことを大学などに求めています（文部科学省, 2008）。さらに2021 年の「教育と研究を両輪とする高等教育の在り方について（審議まとめ）」では、TA の本格的活用への期待が示され、教員とともにより直接的に学生に対する教育活動の一端を担うことが求められています（文部科学省, 2021）。このような議論の流れを経て、今では日本の多くの大学の授業で TA がその存在感を発揮するようになりました。

　TA 制度の内容や TA に求める役割については、大学によってさまざまな取り組み方があるようです。例えば、北海道大学、大阪大学、広島大学、早稲田大学（佐藤, 2019）、東北大学（東北大学, n.d.）では、TA 以外にもより高度な授業支援を担う TF（ティーチング・フェロー）などの段階を設け、授業支援者の役割を階層化する仕組みが導入されています。また、東京大学では ICT を活用したアクティブラーニングの学習環境で、より複雑化する授業運営をサポートするテクニカル TA が導入されています（中澤、福山, 2016）。これらの事例からは、TA の役割の守備範囲が広がってきていることに加え、教員と学生の間に立ち、より能動的に学習環境に参入するような、TA の役割の高度化が見て取れます。

　大学院段階での留学生が多い日本の大学では、留学生など多様な文化・言語的背景をもつ学生が TA の役割を担うことも少なくありませんし、今後はさらに多様な背景をもつ TA が増えるでしょう。学習環境をつくる教員、学生、TA それぞれの間に文化・言語的多様性が高まるほど、それを意識的に取り入れた授業計画をおこなうことが可能となり、また期待されます。

4.4.2　先輩学生によるファシリテーション

　授業支援は多くの場合に大学院生の TA が担いますが、近年では学部上級生が教育指導の一部を担うことも増えてきました。こうした先輩学生は、一般的に SA（ステューデント・アシスタント）と呼ばれ、授業など正課内だけでなく、学習支援センターや図書館などがおこなう正課外学習活動の支援でも活躍しています（佐藤, 2019）。

　TA よりもさらに年齢の近い先輩学生の存在は、学習者にとって身近なロールモデルになりえます。学習者にとって、自分より少し先の課程を進んでいる先輩学生が学びの支援者として身近にいることは、学習意欲の向上や学習その

ものの成果につながります。また、学習スケジュールの管理方法や学習の取り組み方のちょっとしたコツなど、学生ならではの疑問や悩みへの対処法を先輩学生から聞くこともできるでしょう。留学生の場合は、日本の生活で体験する小さな異文化経験などで同じような経験をした先輩学生が身近にいれば、共感できるような対処方法を聞くことができるかもしれません。他方、先輩学生は、多文化環境における協同学習での成功体験だけでなく失敗も経験しているであろうからこそ、教員が気づきにくい学習者の小さな疑問やつまずきに細かく目配りすることができます。そして、先輩学生自身も、後輩学生への学習支援を通して、ファシリテーション力、コミュニケーション力、他者への寛容性などのスキルや態度・姿勢の向上が期待できます。

　TAと同様、SAも大学ごと、あるいは組織ごとに担当する役割が異なるでしょう。大学によっては授業支援者への予算が十分でないなどの理由から、SA制度の導入自体が難しいこともあるかもしれません。そのような場合は、個別の授業での工夫も考えられます。例えば、次年度に同じ授業を受講する学生に宛てて現在の受講生が手紙を書く、という振り返り学習があります（ニルソン, 2017）。手紙を書く学生にとっては自身の学習活動の振り返りができる一方、手紙に書かれた学習に関するアドバイスを、書いた学生の承諾を得たうえで次学期の学生に送ることで、次学期の学生は先輩学生からのファシリテーションを間接的に受けることができるでしょう。

コラム4.2　東北大学国際共修サポーター

国際共修の目的は、文化や言語の異なる学習者同士の学び合いによる相互理解と新しい価値観の形成です。東北大学には、国際共修を取り入れた正課内・正課外学習活動を支援するための国際共修サポーター制度があります（東北大学高度教養教育・学生支援機構グローバルラーニングセンター, n.d.）。
国際共修サポーター制度には、国際共修の意義を経験にもとづき十分に理解している国内学生と留学生が参加しています。国際共修サポーターの主な活動は、グループワークなど協同学習でのファシリテーションです。
国際共修サポーターは、多文化環境の協同学習で起こりがちなちょっとした問題に臨機応変に対応し、学習者の学びが円滑に進むよう支援します。例え

ば、多文化環境に慣れていない学習者同士のディスカッションの始めの部分を進行し、活発な話し合いができるようになるまで見届けたり、英語を教授言語とする授業では、学生が英会話の表現に困っている時に一緒に考えて手助け（同様に留学生への日本語会話も支援）したり、教員と手分けしてグループを観察し、教員の目が行き届かないところに入り学習の進行をカバーする、などのサポートがおこなわれます。

こうした国際共修サポーターの活躍ぶりに刺激を受けた学生が、次の学期から国際共修サポーターになるという循環も起き始めています。国際共修サポーターにとっても、観察力、多文化間事態での寛容さ、ファシリテーション力などにおいて成長を期待できる機会となっています。

4.4.3　授業支援者のファシリテーションにおける留意点

TA や先輩学生などの授業支援者が多文化環境での学生の学びをファシリテートするにあたっては、それを後方支援する教員の心構えや支援、雰囲気づくりが欠かせません。共に学習環境をつくるファシリテーターの仲間を増やすためにも、教員にとって必要となる工夫や注意点を見てみましょう。

- **教員が授業支援者の役割を理解する**

TA などの授業支援者が学生の学びの場に参画する時にもっとも重要なことは、教員が授業支援者の役割とその意義をよく理解することでしょう。特に教員が伝統的な授業形態に慣れ親しんでいる場合は、出席確認や資料配布など定型的で単純な作業を担っていた頃の TA 像を抱きがちで、教員とともに授業計画や運営に取り組もうとする創造的な TA 像を描くことが意外と難しいかもしれません。

大学教育における学びのパラダイムが学生主体へと転換してきたことと関連して、TA など授業支援者の存在感はますます大きくなっています。授業支援者が学習活動の計画実施に積極的に関わることは、教員の授業準備の負担の軽減にもつながります。所属する大学の、TA など授業支援者に関するハンドブックやガイドラインなどの情報をよく読み、授業支援者の役割を理解したうえで、決められた条件の中で授業支援者が最大限の力を発揮して学習者の学び

を促進することができるよう、授業計画を考えてみましょう。

- コミュニケーションを図る

　教員と授業支援者の間で指示内容が異なれば、当然ながら学習者は混乱します。授業支援者と毎回の授業の前後にコミュニケーションを取る機会を設けましょう。そうすることで、両者の認識がすり合わされ、互いに齟齬のない授業運営が期待できます。

　例えば、授業開始からどのタイミングで何分ぐらいのグループワークをおこなうか、各グループのワークの進み具合がどのような状況であれば見守り、どのようであれば介入するべきか、そして授業実施後には授業支援者にどのような観点から仕事の報告をしてもらいたいか、など、活動の細部を決め、考えをすり合わせることが授業運営の成功につながります。こまめに話し合う機会をもつことで、授業支援者ならではの独創的なアイディアを授業に取り入れられるかもしれません。

- 意見を出しやすい雰囲気をつくる

　より良い学習環境をつくるためには、授業支援者が意見を出しやすい雰囲気を教員が積極的につくることが大切です。なぜなら、教員と授業支援者は採用者−被採用者の関係にあり、また授業支援者は教員よりも年齢が若いことが多く、指導の経験やスキルも発達途上にあるためです。こうした立場にある授業支援者から気兼ねなく意見が出てくるような雰囲気を、教員側からつくっていくことが求められます。

　授業支援者が意見やアイディアを出すことに対し感謝の気持ちを示しながら、出されたアイディアについて真剣に吟味し、小さなことでもできることを実践してみるといった行動の積み重ねが、信頼して意見を出し合っていく関係づくりにつながります。教員にとっては、学生に近い立場の授業支援者だからこそ気づくことや斬新なアイディアが出されれば、授業改善への手がかりも増えていくでしょう。

- 多文化環境学習に対する考え方や価値観を相互に理解する

　授業など教育活動の設計や計画には、それを担う者の背景にある価値観が影響します (Chávez, 2016)。シラバスに書かれている授業目的や学習到達目標、スケジュール、使用言語など、比較的見えやすい部分の確認はもちろんのこと、それらの下地になっていて見えにくい部分である、多文化理解やコミュニケーションに対する考え方、指導方針や教育哲学などについて、教員と授業支援者の間で互いの価値観の類似性や違いをある程度理解しておくと参考になります。そうした両者の間の心理的な土台の共通部分が築けていれば、具体的な教育学習計画を円滑に話し合うことができます。このような相互理解をおこなうことの一番の目的は、授業などの学習環境を整えることにありますが、そのほかにも、もし TA など授業支援者が将来のキャリアとして大学教員を目指している場合は、経験豊富な教員の教育観を知ることもできるため、将来の同僚を育成するという目的にもつながります。

おわりに

　本章では、多文化学習環境で学習者の間にあらわれる多様性を理解し、それを効果的に取り入れた学習事態を設計し実行するファシリテーターについて考えました。また、ファシリテーターは教員のみでなく、学習者自身や、TA など授業支援者も担うことができるという可能性を取り上げました。これらの論点をあなたの周りの状況にあてはめた時、次の問いに対してどのような考えが浮かぶでしょうか。

- あなたが所属する大学などの組織を構成する人々の間には、どのような多様性が見られますか。それらの多様性は、授業などの学習環境に効果的に取り入れることができるでしょうか。反対に、多様性によってもたらされるかもしれない、学習者の学びにとって克服すべき課題や障壁はあるでしょうか。
- 学習者自身がお互いのファシリテーターになるために、学び合いの「理由」「意義」「方法」(本章4.3.1節参照) を学習者同士で話し合う活動をあなたの授業で取り入れるとしたら、どのような方法が考えられますか。

- あなたが教員として TA や先輩学生などの協力を得られるとしたら、どのようなファシリテーターの役割を担ってもらいたいですか。もしそのようなサポート体制が現状では望めなければ、その導入の実現のためにできることはあるでしょうか。

参考文献

エドモンドソン, エイミー・C. (野津智子訳) (2021)『恐れのない組織―「心理的安全性」が学習・イノベーション・成長をもたらす』英治出版

佐藤万知 (2019)「SA/TA 制度の現状と先行研究からの課題把握」佐藤万知編『SA/TA 制度を活用した大学教育の質向上への挑戦』高等教育研究叢書150,, pp.7‐17

三宮真智子 (2018)『メタ認知で〈学ぶ力〉を高める―認知心理学が解き明かす効果的学習法』北大路書房

東北大学高度教養教育・学生支援機構グローバルラーニングセンター (2020)「2020年度東北大学留学生学生生活調査まとめ」https://www.insc.tohoku.ac.jp/japanese/wp-content/uploads/2021/04/J_International_Students_Survey_2020.pdf (2022年7月16日閲覧)

東北大学高度教養教育・学生支援機構グローバルラーニングセンター (n.d.)「国際共修」https://intercul.ihe.tohoku.ac.jp/ (2022年7月16日閲覧)

東北大学 (n.d.)「東北大学の TA 制度」https://www.ihe.tohoku.ac.jp/ta/ (2022年7月16日閲覧)

中澤明子、福山祐樹 (2016)「アクティブラーニング教室におけるテクニカル・ティーチング・アシスタントの学び」『日本教育工学会論文誌』40, Suppl., 205‐208.

中谷素之、伊藤崇達編著 (2013)『ピア・ラーニング―学びあいの心理学』金子書房

日本学生支援機構 (2023)「2022（令和4）年度外国人留学生在籍状況調査結果」https://www.studyinjapan.go.jp/ja/statistics/zaiseki/data/2022.html (2023年10月10日閲覧)

ニルソン, リンダ・B. (美馬のゆり・伊藤崇達監訳) (2017)『学生を自己調整学習者に育てる―アクティブラーニングのその先へ―』北大路書房

ホフステード, G.、ホフステード, G. J.、ミンコフ, M. (岩井八郎、岩井紀子訳) (1995)『多文化世界〔原書第3版〕―違いを学び未来への道を探る』有斐閣

堀公俊、加藤彰 (2008)『ワークショップ・デザイン―知をつむぐ対話の場づくり』日本経済新聞出版社

文部科学省 (2008)「学士課程教育の構築に向けて（答申）」https://www.mext.go.jp/b_menu/shingi/chukyo/chukyo0/toushin/1217067.htm (2022年7月16日閲覧)

文部科学省 (2021)「教育と研究を両輪とする高等教育の在り方について―教育研究機能の高度化を支える教職員と組織マネジメント―」(審議まとめ) https://www.mext.go.jp/b_menu/shingi/chukyo/chukyo0/toushin/1411360_00002.html (2022年7月16日閲覧)

文部科学省 (2022)「高等教育を軸としたグローバル政策の方向性―コロナ禍で激減した学生交流の回復に向けて―」https://www.mext.go.jp/content/20230323-mxt_kotokoku01‐000028546_3.

pdf（2023年10月10日閲覧）

文部科学省（n.d.）「ティーチング・アシスタント（TA）について」https://www.mext.go.jp/b_menu/shingi/chukyo/chukyo4/003/gijiroku/07011713/001/002.htm（2022年7月16日閲覧）

米澤由香子（2019）「国際共修：開発と発展の背景」末松和子・秋庭裕子・米澤由香子編著『国際共修―文化的多様性を活かした授業実践へのアプローチ』東信堂

Arkoudis, S., Yu, X., Baik, C., Borland, H., Chang, S., Lang, I., Lang, J., Pearce, A., & Watty K. (2010). *Finding common ground: Enhancing interaction between domestic and international students.* https://melbourne-cshe.unimelb.edu.au/__data/assets/pdf_file/0010/2297206/FindingCommonGround_web.pdf（2022年7月16日閲覧）

Brussino, O. (2021). *Building capacity for inclusive teaching: Policies and practices to prepare all teachers for diversity and inclusion.* OECD Education Working Papers, No. 256, OECD Publishing, Paris.

Chávez, A. F. & Longerbeam, S. D. (2016). *Teaching across cultural strengths: A guide to balancing integrated and individuated cultural frameworks in college teaching.* Stylus Publishing.

Deardorff, D. K. (2006). Identification and assessment of intercultural competence as a student outcome of internationalization. *Journal of Studies in International Education,* 10(3), 241‐266.

Monash University (n.d.). *Student diversity and inclusion.* https://www.monash.edu/students/support/diversity-inclusion（2022年7月16日閲覧）

OECD (2010). *Educating teachers for diversity: Meeting the challenge.* https://www.oecd.org/education/ceri/educatingteachersfordiversitymeetingthechallenge.htm（2022年7月16日閲覧）〔＝OECD教育研究革新センター（2014）『多様性を拓く教師教育―多文化時代の各国の取り組み』明石書店〕

Queen's University (n.d.). *Equity, diversity, and anti-racism.* https://www.queensu.ca/inclusive/resources/equity-diversity-antiracism（2022年7月16日閲覧）

Wächter, B. (2000). Internationalisation at home in context. In P. Crowther, M. Joris, M. Otten, B. Nilsson, H. Teekens, & B. Wächter (Eds.). *Internationalisation at home: A position paper.* Amsterdam: European Association of International Education.

第5章
学びの「場所」と「場」づくり

川平　英里

はじめに

　ファシリテーションにおける「場」づくりは、授業もしくはプログラムのデザイン、目標設定、問いの立て方と同様に、多文化環境での学習活動支援において重要な役割を果たす観点です。ファシリテーターはさまざまな工夫をこらし、学習者が安心して参加することができる「場」を考え、学びのプロセスを支援します。本章では、多文化環境における「場」づくりについて考えていきます。そして、多文化環境における学びを最大化するためにファシリテーターは何を考慮すればよいのかについて理解を深めます。

5.1　学習活動の構成要素

5.1.1　学習活動の「場所」と「場」

　皆さんは、学習活動の「場所」と聞いた時、具体的に何を思い浮かべるでしょうか。同様に、学習活動の「場」と聞いた時には何を思い浮かべるでしょうか。両者にはどのような違いがあるでしょうか。

　長田（2016）は、「場所」は物理的な地点、例えば学校、教室、店、会議室、公園などを指すのに対し、「場」は主に人と人、人のつながり方が生み出す雰囲気や可能性のことを指すとして、両者を区別しています。

　ファシリテーターは学習者が集まる物理的な地点、つまり「場所」に気を配ります。どこで授業をおこなうか、どのような教室を使用するか、どのような座席配置が望ましいかなどについて検討し、準備します。学習活動をおこなう

「場所」は、学びの質や授業の展開に作用するからです。しかし、学習者の学びを深めるためには、学習活動をおこなう物理的な環境だけではなく、その活動の中に生じる人と人とのつながりや雰囲気、つまり「場」づくりにも意識を向けて、必要な介入をおこなうことも不可欠です。

5.1.2　学習活動を構成する三つの要素

　学習活動の「場所」と「場」を考えるうえで、学習活動を構成する三つの要素を理解しておくとよいでしょう。学習活動の三つの要素とは、「ストラクチャー」「コンテンツ」「プロセス」を指します（シュワーツ, 2005; 中野、三田地, 2013; 津村, 2019）。

　「ストラクチャー」とは、学習活動がおこなわれる物理的な「場所」を含む、学習活動のハード面を指します。例えば、その場所や空間の特徴や様子、その場所の使い方、座席の配置、使用する教材や道具などです。また、参加者のグループ分けなど、学習者の学習活動への参加の仕方に影響を与える構造や仕組みも、学習活動を構成する「ストラクチャー」に含まれるでしょう。

　「コンテンツ」とは、学習課題や目標、学習の内容を指します。例えば、授業であつかうテーマや話し合いの問い、教材の内容などがあります。

　「プロセス」とは、学習活動において学習者同士、あるいは学習者と教員の関わり合いの過程を指します。「プロセス」には、「内的プロセス（学習者の中で起こっていること）」と「外的プロセス（学習者の間に起こっていること）」が含まれています（津村, 2019）。ファシリテーターは話し合いの内容ややりとりに用いられている言語・非言語表現、学習活動の進捗などの「外的プロセス」を確認しながら、同時に、学習者の活動への関与の度合い、学習者間のパワーバランスや関係性、学習者一人ひとりの感情や意向などの「内的プロセス」にも目を向けます。

　このことをふまえて本章では、上記の三つの構成要素から成る学習活動の全体像を、学習活動の「場」と捉えることとします。（図5.1）

図5.1　学習活動を構成する三つの要素
シュワーツ, 2005; 中野・三田地, 2013; 津村, 2019 をもとに筆者作成

5.1.3　言語的・文化的に多様な学習者が集う「場」のファシリテーション

　多様な言語的・文化的背景をもつ学習者が集う学習活動の「場」において、どのようにすれば、三つの構成要素「コンテンツ」「プロセス」「ストラクチャー」に配慮した多面的な学習活動支援が可能になるでしょうか。とりわけ、言語的・文化的に多様な学習者が集う学習活動の「場」では、学習者それぞれの知識や経験、使用する言語等の違いがやりとりの中で表面化することもしばしばあります。それらがすり合わされたり、ぶつかり合ったりしながら、相互理解がうながされ、学習課題についての深い学びを得ることが目指されます。こうした経験を通して、学習者の中に築かれていた想定や思い込み、これまでの価値観が揺らぎ、その揺らぎが契機となって新たな発見や学びが生まれます。

　このようなことから、言語的・文化的に多様な学習者が集う学習の場では、それぞれの経験や知識の違いを引き出し、互いに学び合うことができるようにするために、ファシリテーターによる教育的介入がより必要となります。その介入をするうえで、以下の二点を意識しておきましょう。

① 「迷子の人をつくらない」 (米井ら, 2021; 156 - 157)

　例えば母語以外の言語を使用して学習活動に参加する場合、言語の違いが要因となって学習者が「迷子」になる可能性があります。さらに、自身が慣れ親しんできた教室環境とは異なる空間、コミュニケーションスタイルの違い、学習活動のコンテンツなどによっても、学習者の抵抗感や不安感が高まることもあるでしょう。これらのような要因により、学習者間にトラブルが生じたり、学習の進度に大きな差が生じたりするリスクもあります。

　ファシリテーターはそれぞれの学習者にとって何が障壁となりうるのか、学習の阻害要因は何かについて理解するように努めます。また、学習者と話し合い、学習者とともに「迷子を出さない」働きかけや具体的工夫について検討し実施していきましょう。例えば、グラウンドルールづくりやグループ分けの配慮もこの工夫として考えられます。

② 「差異に橋をかける」 (Hogan, 2017; 136)

　多文化環境における学習活動の中で、学習者間での考えや視点などの差異が浮き彫りになった時、違いに対する違和感や拒絶反応といった態度が現れることも考えられます。ファシリテーターはその差異をあえて取り上げて、「差異に橋をかける」ことで、新たな気づきや学びへと導くことができます。「どのような違いが顕在化したか」「なぜそのような違いが生じたと思うか」「その違いについて私たちはこれからどのように取り組んだり、意識したりすればよいのか」と学習者に直接問いかけて、対話の機会を設けることは、「差異に橋をかける」ための一つの方法です。ただ、差異への違和感、拒絶反応というのは学習者間で違いがあるので、学びの機会となるのかどうかその場の雰囲気、プロセスを感じ取りながら、ファシリテーター自身も柔軟に対応していくことが大切です。

コラム5.1　目的や対話の内容に応じたファシリテーションの工夫

「場」で設定される目的や対話の内容によって、ファシリテーションの工夫は異なります。ホーガンは、表5.1に示す四つの「場」づくりとファシリテーションの技法についてまとめています (Hogan, 2007)。初回の授業など、学

習者同士が互いに知り合うことのできる「場」づくりを目指すのであれば、C)
おしゃべりが生まれる場に記されているような工夫が有効でしょう。しか
し、授業週数が進み、課題に対するなんらかの成果を出す段階に入った時に
は、A) 生成的な対話が生まれる場、D) 対立を含む議論が生まれる場をつく
るためのファシリテーションを意識する必要があります。A) から D) に示さ
れている具体的な工夫も参考にしながら、授業時間の目的と活動内容は何
か、学期中のどの段階にあるのかを考慮して、学習活動に必要なファシリ
テーション方法を考えてみましょう。

表5.1　学習活動の「場」の四つの特徴とファシリテーションの工夫

A) 生成的な対話が生まれる場 考えを融合し、よりよい方法を見出す場 ファシリテーションの工夫 ・さまざまな意見の表出をうながす ・学習者間の対等性を重視する ・共通点と相違点を確認する	B) 省察的な対話が生まれる場 質問する、共感する、理解する場 ファシリテーションの工夫 ・複数の視点から問いを投げかける ・じっくり話を聴き合う時間を設ける ・沈黙や間を大切にする
C) おしゃべりが生まれる場 スモールトークを通して緊張が和らぐ場 ファシリテーションの工夫 ・一人ひとりの声を聞く機会を設ける ・ファシリテーターが自身について話す ・反応や応答を奨励し、歓迎する	D) 対立を含む議論が生まれる場 意見や立場の相違が明確になる場 ファシリテーションの工夫 ・話し合いの目的を皆で確認する ・互いの立場の違いを丁寧に示し合う ・対立から何を学んだかを確認する

Hogan (2007) をもとに筆者作成

5.2　多様な学習者が学ぶ「場所」を設計する

　多文化環境において、学習者間の学び合いの「場」をつくるために、その活
動が起こる物理的な「場所」にまずは目を向けてみましょう。これは、図5.1の
「ストラクチャー」に着目した「場」づくりといえます。ここでは特に、学習活
動を実施する場所の選定、空間づくり、教具や教材の工夫について考えていき
ます。

5.2.1　学習活動の「場所」としての教室のレイアウト

　大学にはさまざまな種類の教室があります。教室によって机や椅子の特徴、黒板やホワイトボードと座席の距離、座席の配置、使用可能な機材、明るさや広さなどが異なります（図5.2参照）。

　そのため、同じ内容の学習活動を実施しても、それがおこなわれる場所の特徴によって異なる教育成果につながる可能性があります。例えば、グループワークを多く取り入れた授業を「スクール型」の教室でおこなう場合には、学習者が一方向を向いて座っているため、学習者同士が知り合いにくい、視線を合わせにくい、グループメンバー全員の声が聞こえにくいといった要因から、グループとして話し合う雰囲気が醸成されるまでに時間を要するかもしれません。このように、学習活動を実施する場所の特徴が学習者の相互作用や学びの質に影響を与えます。

　スクール型の空間レイアウトのほかにも、集まった学習者同士の交流を通し

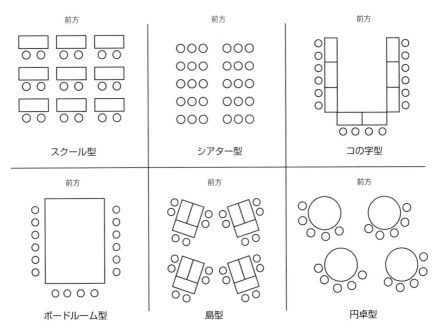

図5.2　典型的な学習空間レイアウトの六つの型
中村、パイク（2020）をもとに筆者作成

て学び合う授業に適したレイアウト（「島型」や「円卓型」）、講義型の授業をおこなった後に、机と椅子を自由に動かしてグループ活動をおこなう授業に適したレイアウト（「シアター型」）などがあります。

　ここで留意したい点は、多様な言語的・文化的背景をもつ学習者が集う学習活動では、学習者によって慣れ親しんできた学習空間レイアウトが異なる可能性があるということです。これまでの学習歴の中で、「スクール型」の教室レイアウトで学んできた学習者にとっては、グループワークに適した「島型」の教室レイアウトに慣れるまでに時間がかかるかもしれません。逆に、少人数でのグループワーク主体の授業を多く経験してきた学習者にとっては、他者とのコミュニケーションを前提としない講義に適した座席配置に違和感を感じる可能性もあります。

　また、学習空間のレイアウトだけではなく、パーソナルスペースに対する配慮も求められます。パーソナルスペースは、「侵入者が入れないように、その人の身体を取り囲む見えない境界をもった領域」（Sommer, 1969=1972; 46）を指します。言語的・文化的に多様な学習者が集う授業では、生まれ育った文化や慣習、異文化体験の有無、宗教的背景等によって、心地よく安心して他者と関わることのできる物理的、心理的距離感が異なるということに留意し、部屋の広さや椅子の配置、グループの人数などを検討しましょう。初回の授業ではじめて出会った他者との至近距離でのやりとりに抵抗を感じる学習者がいることも考えられます。心地よいパーソナルスペースとは、自分でも無意識で感じて行動している部分でもあります。そのため、例えば、授業の冒頭でアイスブレイクとして、ペアになって座り、お互い向き合って、どこまで近づいたら自分は安全か、または安全ではないと感じるのか、パーソナルスペースを意識するワークを取り入れるのも有効でしょう。そこでの様子を手がかりに、その後の授業の展開やワークの仕方を柔軟に検討することもできます。

　一方で、新たな学習空間レイアウトを経験することそのものが、学習者の異文化体験、異文化環境での学びであるとも考えられます。その日の学習空間レイアウトに関して、ファシリテーターは自身の意図や学習目標を明確にし、学習者に事前に伝えます。そのうえで、学習者の声を聞いて最適なレイアウトを再考することも一つのアプローチとなるでしょう。

コラム5.2　「グループワークをするので、机を動かしてください」

これは筆者が学生時代、留学生とともに学ぶ共修授業の中で教員が出した指示です。私にとっては聞き慣れた指示でしたが、一部の留学生が混乱しているようでした。授業が終わってから留学生に聞いてみると、「母国では講義形式の授業がほとんどで、グループワークの経験もなかったため、机のレイアウトを変えるという発想自体がなかった」と教えてくれました。文化的に多様な学習者が集う授業では、学習者のそれまでの学習経験を考慮し、口頭や文字、イラストなどによる指示や例示もまじえながらわかりやすく伝える工夫が大切であることを実感しました。

5.2.2　場所の移動による「場」づくり

　空間は、そこでおこなわれる活動の空気感を決める大きな要素の一つです（上田, 2020）。場所を変えることで、学習者の気分、雰囲気も変わるからです。例えば、学内でいえば、教室以外にも次のような場所が候補になるでしょう。

　・アクティブラーニングに適したレイアウトの教室、ラーニングコモンズ
　・大学付属やキャンパス近隣の図書館、博物館
　・キャンパスの屋外のスペース（芝生、ベンチなど）
　・学外の施設や空間
　・オンライン学習環境

　学びの空間を教室から意図的に移動することにより、オープンな対話が促進されたり、多様な考えや視点を共有しやすい雰囲気が生まれたりする可能性があります。天気がよければ屋外のスペースに移動して学習活動に取り組むことで、いつも以上に開放的なコミュニケーションが生まれることもあるでしょう。また、時にはオンライン上の学習空間を活用することで、場所と時間の制限を越えて、より多様な学びの機会を創出することもできます。
　一方で、多様な学習者が集う「場」では、ファシリテーターは場所の移動が学びや交流の質に及ぼす影響にも留意する必要があります。ファシリテーターの目から離れた場所でグループ活動をおこなう場合には、グループメンバーの

パワーバランスによって特定の学習者の考えや視点が支配的になったり、授業での使用言語を母語とする学生の意見がより通りやすくなったりするなど、普段とは異なるグループダイナミクスが表出する可能性があります。

　また、教室以外の場所で授業に参加した経験の少ない学生にとっては、空間を移動することによって集中力が削がれたり、教員など学習指導者が近くにいない場所で学習に取り組むことに不安を覚えたりするといったリスクも考えられます。ファシリテーターは、多様な学習者の学びを最大化すべく、学習活動の目的や内容を見極めたうえで、それらにもっとも適した場所を選ぶ必要があります。例えば、場所を移動して学習する際の留意点をまとめたガイドラインを事前に準備し、学習者と共有することも、上記のような課題を克服するための一つの工夫としてあげられます。また、授業終了後には、教室以外での学びの振り返りをおこない、学習成果や学習者の意見を把握したうえで、次の学びの「場」づくりに生かすことも重要です。

5.2.3　教材・教具の工夫

　「場」づくりとしての教材・教具についても準備できることがあります。伝達する情報量の多い講義型の授業では、配布資料の内容や使用言語などについて、学習者の文化的・言語的背景をふまえていくつかの選択肢を準備しておくとよいでしょう。学習者が配布資料を事前に確認できるよう準備しておくと、学習者の自主的な学びや内容についての深い学びをうながすことにつながります。また、文字情報のみならず、動画や音声を用いた資料を活用することにより、学習課題についての理解が進み、その後のディスカッションやワークが活性化する可能性もあります。講義でプレゼンテーション用資料を使用する場合には、学習者の状況をふまえて文字の量、表現方法、レイアウト等を工夫することも有効です。

　アクティブラーニング型の授業やディスカッションを多く含む授業では、準備した教具や教材によって学習者同士のやりとりがどのようになるかも想定してみましょう。例えば、アクティブラーニング型の授業では、ペン、付箋、白紙、模造紙などが役立ちます。これらの教具は、学習者が自由にアイデアや意見を共有し、会話を進めていく際に有効です。一方で、話し合いのテーマや問

い、話し合う順序を明確に示したほうが学びの質が高まると判断した場合には、それらを具体的に記したワークシートを準備したほうがよいこともあります。

　また、既存の思考や経験の枠組みに捉われず、発想を拡げるような創造的な会話をうながすためには、粘土や折り紙、絵の具、ブロック、廃材、雑誌や広告の写真などを取り入れることも可能です。とりわけ、言語的・文化的に多様な学習者が集う時には、使用するツールの種類を増やすことによって、言語以外の表現方法も用いながら、互いの視点や考え、発想を示すことができます。

　このように学習者の多様な背景を生かし、交流が生まれることをうながす教材や教具を柔軟に活用することで、多文化環境における学びのプロセスをより豊かにすることができるでしょう。

5.2.4　オンライン空間を活用する

　オンラインを活用した学びの場には、さまざまな場所から参加できる、対面に比較して匿名性が高まる、言語面で課題を感じる学生が支援ツールなどを活用しながら参加できるといったメリットがあります。しかし、いくつかの点で対面での活動とは異なる工夫や仕掛けを準備する必要もあります。オンラインを活用した学びの「場」をつくる際に配慮するとよい点や工夫には、次のようなものが考えられます。

①学習者同士の関係構築

　対面の場合、学習者は授業前後の時間にほかの学習者とインフォーマルな交流機会をもち、関係を構築することができますが、オンライン上ではそれが難しい場合も多いです。オンライン空間内で学習者同士の関わりをうながし、人間関係の構築を助ける工夫には次のようなものがあります。

- グループに分かれる場合はできるかぎり互いの表情がわかる状態で参加する
- オンラインプラットフォームを活用して、授業内外でインフォーマルに交流することのできる時間や機会を設ける
- 学習者の同意が得られればオンライン上で連絡が取れるグループを作成

　し、自由なやりとりの基盤をつくる
・　学習者がペアになって授業での困りごとや学習の進捗状況などを共有し、
　助け合う「バディ制」を導入する

②オンラインツールの特性による課題
　オンライン上では、複数の学習者の声を同時に聞くことが難しく、一人ひと
り順番に発言する必要が生じます。そのため、会話への参加方法がかぎられて
しまい、話す人が偏ってしまいがちです。特に、グループディスカッションに
慣れていない学生や、母語以外の言語を用いて授業に参加している学生、内向
的な学生（第6章参照）はより発言しにくくなる可能性があるため、次のような
工夫が必要です。

・　オンライン上のやりとりを円滑にするためのグラウンドルールを設定する
・　発話する以外の方法で会話に参加する方法を提示する（例：テクストメッセー
　ジ、意見を書き込んで共有できるオンラインツールの活用など）
・　複数言語での書き込みを可能として、言語面で学生同士がサポートし合
　う。翻訳機能も必要に応じて活用する

③オンライン空間ならではの応答の仕方
　対面での学習活動では、相槌や表情などからも相手の反応を理解することが
できます。しかし、オンラインでの学習活動ではそうはいきません。ファシリ
テーターは、オンライン上でもやりとりの応答性を高められるように、反応し
合う習慣や雰囲気づくりをします。とりわけ、文化的・言語的に多様な学習者
が集う場では、他者の発言に対してどの程度、どのように応答するのかについ
て、異なる考え方や習慣があることにも留意しましょう。

・　ファシリテーター自身が表情豊かに話したり、ジェスチャーを活用したり
　するなどして、オンライン上でも伝わりやすいコミュニケーションの手本
　となるように努める
・　反応や応答、相槌の必要性を感じられるアイスブレイクアクティビティや

　　　ロールプレイを実施し、その有効性と限界性を学習者で体験し、感じたことを共有する
- 　特に「困った」「わからない」「助けが必要」というサインを学習者が発信できるように、そのための方法を学習者とともに話し合って決め、授業の中で活用する

コラム5.3　オンライン授業でのカメラ利用

オンラインの授業でのカメラの利用に対してはさまざまな意見があります。コロナ禍で急速に普及したオンライン授業ですが、例えば自宅から授業に参加する場合は、部屋の様子から学習者の社会経済状況が推察される可能性があるため、カメラオフをガイドラインとして提示するアメリカの大学もありました。また、民族的・宗教的な対立が続く国では、コロナ禍でオンラインの授業が始まり、カメラオフにして参加することで、顔を出さないので意見を言いやすい、身体的暴力を受けるのではないかという不安がなく授業に参加できるという肯定的な意見が、学生への調査から明らかになっています（Halabi, 2023）。このように、学習者にとっての心理的に安全な学習環境をできるかぎり意識して、オンラインによる「場」づくりをしていくためには、ファシリテーター自身の想定を超えたさまざまな文化的要因を考慮することが大切になります。

5.3　多様な学習者が学ぶ「場」づくりの具体的工夫

　前節では、「場所」に焦点を当てて学びの「場」づくりについて考えてきましたが、本節では学習活動の「場」の三つの構成要素のうち、特に「プロセス」に注目しながら、ファシリテーションの具体的な工夫や手立てを考えていきます。

5.3.1　個々の学習者の状態を把握する

　ファシリテーターは学習者の文化的多様性について意識的に把握する必要があります。その方法には、授業開始前の事前アンケートの実施、各授業後の振

り返りの実施、オフィスアワーの導入などがあります。

　授業開始前の事前アンケートでは、学習者の基本的なプロフィール（名前、学年、専攻、第一・第二言語、出身国や地域など）に加えて、授業を履修した動機、心配や不安を感じていること、事前に確認しておきたいことなどについて回答してもらうのもよいでしょう。筆者は実際にこの方法を取り入れていますが、初回の授業に臨む学習者の心持ちや意気込みをあらかじめ理解することで、必要に応じた授業準備をおこなうことができ、場合によっては個別に対応することも可能になります。

　授業開始後には、その日の授業を振り返る時間を設けます。振り返った内容をその場で共有する、もしくは振り返りシートに書いて提出するといった方法があります。こうすることで学習者の様子をタイミングよく把握し、適切な教育的介入につなげることができます。学習者のフィードバックの内容を、必要に応じて個人が特定されない形で次の授業で全体共有することで、その後の授業改善や学びの深化につながります。

コラム5.4　アイスブレイクアクティビティ

筆者が学部生だった頃に参加していた多文化環境での授業では、学習者同士が互いへの理解を深めるためのいくつかの工夫が用意されていました。その一つが学習者の「プロフィールシート」を作成して配布するという方法です（個人情報を開示するという点で、学習者の許可が得られた場合の利用にかぎります）。学習者の写真とともにニックネームや趣味、得意なことなどが記載されたこのシートは、名前を覚える際や、やりとりのきっかけを見つける際に役立ちました。また、毎週授業開始時には簡単なゲームやアクティビティが用意されており、その活動を通して関係性を構築することができました。他者と力を合わせながら課題をクリアしていく「協力アクティビティ」、チーム間で競い合う「競争アクティビティ」、言語以外の表現方法（例えば、色紙やジェスチャーを用いた自己紹介やビンゴゲームなど）を用いた「自己紹介アクティビティ」など、学習者の緊張をときながら互いに知り合う時間は、グループワークも含めた、その後の学習活動の質を高めるための重要な土台となりました。

5.3.2　グラウンドルールを設定し、更新する

　多文化環境における学習活動では、学習者やファシリテーターの想定を超える出来事が発生することもあるでしょう。その学びの「場」に集う全員が、やりとりの中で遭遇する意外性を楽しみながら、コミュニケーションを継続する意識をもつことによって学び合いの「場」がつくり上げられていきます (山内ら, 2013)。

　学び合いの「場」の雰囲気を学習者と共につくり出していくための一つの工夫に、グラウンドルールの作成があります。グラウンドルールを設定して意識することによって、より生産的で効果的な議論がうながされます。授業でグラウンドルールを作成する方法には、

①教員などファシリテーターおよび学習者全員との話し合いによって作成する
②教員などファシリテーターが設定したものを学習者に共有し、必要に応じて加筆修正する
③小グループに分かれて、各グループ内で守るルールを設定する

などがあります。学習活動の規模、授業の教育目標、授業内容や回数によって適した方法を選択しましょう。

　グラウンドルールを設定するプロセスは、「どのような授業にしていきたいか」「どのようにクラスメイトと関わりたいか」といった学習者の意向を引き出すため、他者理解やチームビルディングに関する学びを得る機会となります。また、学期初めに設定したルールを皆で定期的に振り返り、どのくらい配慮できているか、加筆や修正を必要とする項目はないかなどを何度か話し合うことによって、都度の状況に適したグラウンドルールに更新することができます。

5.3.3　インクルーシブな言葉を使用する

　学習活動の「場」をつくる際に、ファシリテーターは自身が使用する言葉に意識的になることも大切です。なぜなら、ファシリテーターがどのような言語・非言語コミュニケーションを心がけているかが、その場の雰囲気や学生に与える安心感に影響を及ぼすからです。ここでは、包摂性の高い言葉に関する知識を身につけるためのツールであるインクルーシブ・ランゲージ・ガイド (Inclusive Language Guide; 以下 ILG) を紹介します。

　インクルーシブ・ランゲージとは、コミュニケーションにおいて、人種、民

族、ジェンダー、障がい、年齢、経済的地位などのあらゆる多様性を受け入れ、誰にも疎外感を感じさせることのないように配慮した言葉の表現のことです。その用語や表現がステレオティピカルなイメージを想起させる場合には、別の言い回しや表現を用いるよう配慮することが求められています。

　近年、大学におけるインクルーシブな言葉の使用についてまとめた ILG が、欧米の大学によって作成され、発信されています（例えば、Milton Keynes College, 2021; Northwestern University, Oregon Health & Science University, n.d.）。

　多様な言語的・文化的背景をもつ学習者が集う学びの「場」をファシリテートする際には、すべての学習者を排除せず、歓迎する言葉を意識して使用することが大切です。そうしたファシリテーターの姿勢や行動によって、学習者もまた、インクルーシブで多様性にひらかれた関係性を構築する方法について学ぶことができるでしょう。

　言語的に誰も阻害されないという点では、日本語による授業を言語的に多様な学生に対して実施する場合、やさしい日本語（第 3 章参照）のガイドライン❶も参考にしてみましょう。

5.3.4　グループ分けを工夫する

　多文化環境での学習活動では、学習者が小グループに分かれて議論や対話を通して学び合うグループ活動が多く用いられています。グループ活動をおこなう際、ファシリテーターは学習に応じた適切なグループのサイズを見極める必要があります。

　2、3 名で編成する小さいグループサイズの場合には、意見を述べる頻度が必然的に高まるため、互いの考えについて理解を深めやすくなります。ただし、「話さなければならない」状況設定となるため、学習者の負担が大きくなるリスクも伴います。一方、7、8 名の比較的大きなグループサイズの場合、メンバー全員が発言しなければならないというプレッシャーは弱まりますが、作業や発言をしなくても目立たないために、一部の学習者が活動をリードし、何もしないフリーライダーと呼ばれるメンバーが生まれる可能性もあります。このような理由から、グループ活動のサイズは一般的に 4 から 6 名が望ましいと考えられます（中野、三田地, 2013 等）❷。

　このように、グループのサイズは学習活動のプロセスや成果に影響します。とりわけ、学習者の言語的・文化的背景が多様である場合には、どのくらいの人数が適切であるか、授業での学習者の様子を見ながら決定していく必要があるでしょう。さらに、ファシリテーターは多文化環境においてグループ活動を取り入れる際に、グループのメンバー構成にも留意する必要があります。学習者のもつ知識や経験、文化的背景、使用する言語能力等の違いが、グループ活

表5.2　多文化環境における学び合いの「場」を豊かにするグループ分けの留意点

グループの決め方・グループの流動性
□学習者が自由に選択できるか、事前にファシリテーターが決定するか
□固定グループか流動グループか

グループの決め方やグループの流動性は、学習者のグループ活動への参加意欲や学習者間の関係構築の深度や幅（どの人と、どのくらい関係性を構築することができるか）に影響を及ぼす可能性があります。

学習者の背景や特徴
□学部や学科、学年などの属性
□学習者が使用する言語、母語
□学習スタイルやコミュニケーションスタイル
□文化的特性（低コンテクスト文化—高コンテクスト文化、個人主義的文化—集団主義的文化、対人関係におけるヒエラルキーの認識など）

属性や言語的・文化的背景が類似している学習者が同じグループになった場合、相互理解がスムーズとなり、議論が活発になる可能性があります。また、互いから見えにくい部分の違いについて発見する機会にもなります。一方で、属性や背景が異なる（遠い）学習者が同じグループになった場合には、その違いに向き合い、生かしながら交流することで、相違から学ぶ機会となります。

学習者間の関係性
□既に知り合いかどうか
□授業外の場での関係性（先輩−後輩、サークルの友達、ゼミの仲間、同じ地域出身など）

初対面のメンバーが同じグループになった場合や、立場の違いが学び合いの過程に負の影響を与えそうな場合には、互いへの理解を深め、関係を構築するための時間や仕掛けを用意します。

動における学びの質に影響を与えるからです。以下に、グループ分けをする際に留意するとよいポイントをあげます。

5.3.5　「場」の心理的安全性を高める

　学習活動の「場」の心理的安全性は、多文化環境における学習者の学びを支える重要な要素の一つです。心理的安全性とは、素直に発言したり、疑問に思ったことやアイディアを口に出すことへの対人関係のリスクを、人々が安心して取れる環境のことです（エドモンドソン, 2021）。つまり、心理的に安全な「場」とは、単に楽しい、仲良しであるという表面的に調和の取れた状態を超えて、意見の違いを出し合ったり、時には本音でぶつかったりするような、対人関係上のリスク、不調和、不安定さと隣り合わせにある概念なのです。とりわけ、多様な文化的・言語的背景をもつ学習者が集う「場」では、言語やコミュニケーションの側面に加えて、出身国や地域間の政治的情勢や、時間の感覚や課題遂行に対する意識の違いといった社会文化的背景など多種多様な要因における違いによって、その「場」の心理的安全性が阻害される可能性があります。

　表5.3は、学習者が安心して学ぶことのできる環境の特徴を紹介しています（中村、パイク, 2020）。これらの特徴のいくつかをグラウンドルールに入れて学習者と共有することも、心理的に安全な「場」づくりのための有効な手立てとなります。

　多文化環境における授業では、適切な学習テーマを選定する、さまざまな文化的背景や経験をもつTA（ティーチング・アシスタント）と連携する、建設的にフィードバックを伝え合う練習をする、授業言語そして指示や問いの伝達方法

表5.3　安心して学ぶことのできる環境の特徴

①否定されない
②受け入れてもらえる
③失敗しても許される
④恥をかいたり自尊心が傷ついたりするような場面がない
⑤この場での言動が後に影響しない
⑥学ぶことの目的や意義が理解できている
⑦自分の存在価値が感じられる
⑧物理的にも快適である

（口頭、スライド、図表に提示など）に配慮するといった工夫が、心理的安全性を高めることにもつながります。学習活動を構成する三つの要素について、それぞれにどのような工夫を施すことで、学びの「場」の心理的安全性を高められそうか、検討してみましょう。

おわりに

　本章では、多文化環境における学習活動の「場」づくりについて考えてきました。ファシリテーターは学習活動に適した物理的環境を選び、整えるだけではなく、その活動の中で起こること、つまり学びのプロセスにも気を配り、学習者が安心して互いに学び合う「場」となるよう、教育的介入をおこないます。本章で述べた学習活動の三つの構成要素「ストラクチャー」「コンテンツ」「プロセス」に留意しつつ、状況に応じて柔軟に対応していきましょう。

　ご自身の多文化環境における学びの「場」づくりを振り返った時、次の問いに対してどのような考えが浮かぶでしょうか。

- 学習活動の「場」の三つの要素のうち、ファシリテーターとしてどの要素についてもっとも困難を感じますか。
- 普段の教育活動の中で、学習活動の「場」の三つの要素のうち、どの要素についてもっとも意識して介入していますか。
- 多文化環境における学び合いの「場」の心理的安全性を高めるために、具体的にどのような工夫をしていますか。

注

❶ やさしい日本語のガイドラインについては、文化庁（2020）「在留支援のためのやさしい日本語ガイドライン」（https://www.bunka.go.jp/seisaku/kokugo_nihongo/kyoiku/92484001.html）を参照ください。

❷ 中野、三田地（2013）は、発言しないままでいるとその人が目立ってしまう4人のグループのようにはそれぞれが向き合う必要がなく、かつ、学習に参加しなくても目立たないような大きなグループでもない、5-6人のグループがちょうどよいサイズであるとしています。

参考文献

上田信行 (2020)『プレイフル・シンキング―働く人と場を楽しくする思考法』宣伝会議

エドモンドソン，エイミー・C.(野津智子訳) (2021)『恐れのない組織―「心理的安全性」が学習・イノベーション・成長をもたらす』英治出版

長田英史 (2016)『場づくりの教科書』芸術新聞社

津村俊充 (2019)『改訂新版 プロセス・エデュケーション―学びを支援するファシリテーションの理論と実際』金子書房

中野民夫監修、三田地真実著 (2013)『ファシリテーター行動指南書―意味ある場づくりのために』ナカニシヤ出版

中村文子、パイク，ボブ (2020)『研修ファシリテーションハンドブック―参加者が自ら学ぶ「場」のつくり方・運営の仕方』日本能率協会マネジメントセンター

山内祐平、森玲奈、安斎勇樹 (2013)『ワークショップデザイン論―創ることで学ぶ』慶應義塾大学出版会

米井隆、岩元宏輔、森格著、蔵田浩監修 (2021)『テクニックに走らないファシリテーション―話し合いがうまく進む2つのセンスと3つのスタンス』産業能率大学出版部

シュワーツ，ロジャー (寺村真美、松浦良高訳) (2005)『ファシリテーター完全教本―最強のプロが教える理論・技術・実践のすべて』日経 BPM (日本経済新聞出版本部)

Halabi, R. (2023). Learning via Zoom during the Covid-19 pandemic: Benefits for Arab students in Hebrew academic institutes in Israel, *Multicultural Education Review*, pp.28–41. 15(1). Taylor & Francis.

Hogan, C. (2007). *Facilitating multicultural groups: A practical guide*, Kogan Page.

Milton Keyenes College (2021). *Inclusive Language Guide*. https://mkcollege.ac.uk/wp-content/uploads/2021/07/MK-College-Inclusive-Language-Guide.pdf (2023年6月18日閲覧)

Northwestern University, Oregon Health & Science University (n.d.). Inclusive language guide. https://www.ohsu.edu/inclusive-language-guide (2023年6月18日閲覧)

Sommer, R. (1969). *Personal space: The behavioral basis of design*. Prentice-Hall.〔=1972, 穐山貞登訳『人間の空間』鹿島出版会〕

University of Chicago (2017). *The network for college success freshman on-track toolkit*. https://ncs.uchicago.edu/sites/ncs.uchicago.edu/files/uploads/NCS_OTToolkit_2ndEd_October_2017_updated.pdf (2023年6月18日閲覧)

第6章

グループコンフリクトを学びに活かす
ファシリテーション

平井　達也

はじめに

　どんなに授業の内容や実施方法を工夫していても、グループワークにおいて
コンフリクト、つまり視点や意見の違いからの誤解や衝突は起こり得ます。そ
の際、グループコンフリクトを起こしている学習者がまだ未熟だ、もしくは教
員やファシリテーターとしての自分の準備が不十分だったと結論づけてしまう
ことも少なくありません。しかし、そもそもグループコンフリクトとは避ける
べき「困りごと」なのでしょうか。この章では、グループコンフリクトの意味
について再考し、それが起こるメカニズムについて事例をもとに分析し、グ
ループコンフリクトを学びに活かすにはどうすればよいのかについて実践的に
考えていきます。

6.1　グループコンフリクトはなぜ起こるのか

6.1.1　グループコンフリクトとは

　文化的に多様な学生がプロジェクトなどを通して共に学ぶ学習形態は、多文
化間共修（坂本ら, 2017）、国際共修（末松ら, 2019）、多文化協同などと呼ばれてい
ます。この多文化協同では、多くの場合、日本人学生と留学生が6人前後の小
グループを組み、特定の課題解決を意図するプロジェクトを企画・実行するこ
と、つまり PBL（Problem or Project Based Learning）が活用されることが多いと
言えるでしょう。多文化協同で PBL が活用される理由は、そこで多くの話し
合いや相互作用が起き、メンバー同士が協力しなければ問題解決やプロジェク

トが達成されないからです。そして、この PBL を含むグループワークでは、お互いの密な関わり合いの中で、目に見えるところ・見えないところで、グループ内コンフリクトが発生しやすいと言えます。コンフリクトの原因は、グループ内のメンバー間における視点や考え方、物事の進め方や志向の違いからの衝突や誤解によるものです。ファシリテーターである教員は、目に見えない部分のコンフリクトにも着目し、この「グループコンフリクトを望ましくない、困ったこと」というよりは、「お互いの違いから学び、違いを生かして協働するうえでの学びの機会」として捉えることが大切になってきます。

6.1.2　グループコンフリクトが起こりうる「混乱期」

　グループの発展段階には少なくとも四つの段階があり、グループメンバー同士が関係性を築き始める「形成期（Forming）」、考え方や価値観、感情がぶつかり合う「混乱期（Storming）」、お互いの考え方や行動を受け入れ、グループ内の関係性が安定する「安定期（Norming）」、お互いの強みを生かしながらもチームとして一体感をもって目標に向かう「機能期（Performing）」に至ると言われています（Tuckman, 1965）。この中でグループのプロセスを形成するうえで重要になるのが、2 番目の「混乱期」です。この混乱期における衝突や対立などのコンフリクトをうまく乗り越えると、チームとして成長し、生産性や信頼感が大きく向上するのに対し、お互いへの気持ちや考えを抑圧してコンフリクトを避けてしまうと、信頼感を醸成することが難しくなり、その後のグループ内のプロセスや成果も表面的なものに留まってしまう可能性があります。したがって、文化的多様性を活かしたファシリテーターとして、違いによるコンフリクトがある程度起こりうるような課題を設定し、そのコンフリクトを学生たちが自ら観察・分析し、解決へと行動できるような機会を設けることが重要です。

6.1.3　なぜコンフリクトが起こるのか

　それでは、なぜグループ内でコンフリクトが起きるのでしょうか。その理由として考えられるのは、グループ内に異なる見方や考え方、期待や志向が存在することがあげられます。異なる考え方や見方というと、話し合いの内容や意見の違いを連想するかもしれません。この話し合いの内容や意見の違いは、グ

ループプロセスにおける「コンテンツ」と呼ばれるもので、文化の氷山モデルでいうと、氷山の上の部分、つまりメンバー同士で意識しやすい、見えやすい部分ということになります。多文化協同においては、違いから学び合おうという価値観が共有されていることが多いため、異なる意見が出ることや表明されること自体がコンフリクトに直結することは少ないと言えるでしょう。一方、コンフリクトの火種となりやすいのは、氷山の水面下の部分、つまり話し合いで見えにくく意識しにくい部分です。上記の「コンテンツ」に比べて、こちらは「プロセス」と呼ばれ、どのように話し合いがなされているか、メンバー間の関係性がどのように動いているか、どのような期待や暗黙のルールが存在しているか、といった話し合いのプロセスに関する部分です。なぜ「プロセス」は、「コンテンツ」よりも気づきにくいのかというと、「プロセス」がお互いの暗黙の期待や常識に深く関連しているからです。例えば、

- どれくらい話す・聞くことが望ましいのか
- リーダー・メンバーはどのように動くべきか
- 異なる意見や (建設的な) 批判はどれくらいが望ましいか
- 役割分担はどのようになされるべきか
- メンバー間の対人的な距離はどれくらいであるべきか

といった話し合いに関する期待や常識はメンバーによって異なっており、文化的に多様なグループであれば、その違いはさらに大きいことが予想されます。しかし、グループワーク初心者である大学生にとっては、それらが明確に個人によって意識され、グループ内で共有されることはまれです。また、私たちは多くの場合、自分にとっての当たり前は、他者にとっての当たり前と無意識的に考えてしまう癖があるため、自分にとっての期待や常識を外れる態度や行動にぶつかった時に、相手を「非常識である」「劣っている」と評価してしまい、それが否定的な感情や態度につながることも少なくありません。このようにしてお互いに対する不満や誤解が「プロセス」の中で募り、グループ内コンフリクトに発展していくのです。また、このような志向性の違いによるコンフリクトが、多文化環境によって強化されることがあります。例えば、あるちょっとした言動によって、文化的相違に着目するあまり「あの人は〜人だから、〜だ」といった固定観念につながる可能性もあります。学びのプロセスの中で、その

固定観念が間違っていたと気づく学生もいるかもしれませんが、グループコンフリクトから、文化の違いや志向性の違いを優劣なくお互いが認め、学びにつながるよう、ファシリテーターとしての教員が工夫していくことが大切です。

6.1.4　コンフリクトを学びにつなげるための工夫

　多様な学生たちが集まり、グループワークをおこなううえでコンフリクトは避けられません。その中で、より深い信頼関係を築き、お互いの違いについて体験的に学ぶためには、多文化協同においてコンフリクトをいかに学びにつなげられるかが、学びの質に大きく影響するとも言えます。ではその前提として、多文化協同においてコンフリクトを学びにつなげるために、ファシリテーターとしてあらかじめどのような工夫ができるのでしょうか。ここでは、いくつかの工夫を紹介します。

　第1に、グループプロジェクト課題を設定する際に、メンバー全員が協力しないとできないような難易度の比較的高い課題を用意し、プロジェクトの進め方も最初から細かく設定せずに、意図的に不確実性を高め、多様な進め方を許容するようにしておくことです。また、課題には一つの解答や解決方法ではなく、複数の解決方法やアプローチが存在するものであるほうが望ましいでしょう。そのような設定をすることで、さまざまな意見が出やすくなり、意見の衝突やコンフリクトもある程度発生しやすくなることが期待されます。グループで何かしらのコンフリクトが起きた際も、ファシリテーターとしての教員は、すぐにその解決に乗り出すのではなく、グループメンバー自身でそのコンフリクトを解決できるように見守り・サポートをおこなうことが望ましいでしょう。

コラム6.1　意図的に不確実性を高めて学習効果を高める海外研修

筆者が勤務する立命館アジア太平洋大学では、初年次学生を対象とした短期海外プログラム「FIRST」があります。このプログラムは、海外で、グループに分かれて、現地の人たちに自分たちで選んだトピックについてインタビューやアンケート調査をしながら、いくつかの指定された地点を通って最終目的地まで行くという内容です。このプログラムでは、調査についての事前学習や準備はチームでおこない、教職員も現地入りするものの、どの地点

を通ってどの最終目的地に行くかについては、海外フィールドワークが始まる初日にくじ引きで決めます。これは意図的に不確実性を高め、メンバー同士が協力してプロジェクトを進めることを促進するためのものです。

第2に、教員が、コミュニケーションスタイルや価値観、志向の違いについてあらかじめ情報を与えることで、学生たちがお互いの違いを自覚し、グループ内でどのようにその違いが表れうるかに気づくような学びの機会を用意することです。そうすることで、学生は自分や他者の違いに気づきやすくなり、情報や理論を自分たちの行動から確認することができるようになります。この点については、次の節でより詳しく述べていきます。

第3に、ただグループで課題をこなすのではなく、自分たちのグループがどのように活動しているのか、どのような強みや課題があるのか、各メンバーがどのように感じているのか、つまり前出のグループの「プロセス」について、メタ的な視点から振り返る機会を教員が設けることが必要です。なぜこの振り返りが重要であるかという理由は、私たちが往々にして自分のコミュニケーションスタイルや志向に対して無意識であり、自分の言動がどのように相手に受け取られ、グループにどのような影響を与えているかに気づいていないことが多いためです。そしてこれらのことに無自覚であることが、コンフリクトの大きな原因の一つであるため、定期的に振り返りをおこなうことで、コンフリクトの原因と解決方法について理解を深めることが可能となります。

それでは、次の節ではグループコンフリクトに大きな影響力をもつ、個人の志向の違いとその表れ方について、ケースを使いながら具体的に見ていきます。

6.2 コンフリクトの原因を個人の志向の違いから考える

グループ内でコンフリクトが起こる理由は複数あると考えられますが、本節では主に個人の志向の違いからコンフリクトの原因を見ていきます。個人の志向はその人の価値観や性格、ものの見方などに根付いており、私たちにとって気づきにくいため、コンフリクトの根本的な原因になっている可能性が高いからです。ここでは、主に三つの志向の違い（優先順位の違い、プロジェクトの進め

方の違い、自己表現の仕方の違い）を取り上げます。まずは、多文化協同のグルー
プワークで起こりうるコンフリクトのケースとその背景となる要因を、メン
バー間の志向の違いから分析します。次に、それぞれのケースについて、異な
る志向をもったチームメンバーがどのように力を発揮できるのかについて、
ファシリテーターの観点からいくつかの提案をします。なお、これから紹介す
る志向の違いについては、世界でもっとも普及している性格検査と言われる
MBTI（Myers-Briggs Type Indicator）の考え方（Myers, 1998）や、六つの帽子思考
法（De Bono, 2017）、異文化間コミュニケーションの違い（Stringer & Cassiday,
2009）などの知見をもとに、筆者がまとめたものです。

6.2.1　優先順位の違い

ケース１：

　あなたは教員として多文化協同の授業をここ数年実施してきました。この授
業では、留学生と日本人の混成６人１グループで、異文化コミュニケーション
の知識やスキルを、プロジェクトを通して身につけてもらうことを目的として
います。今学期の多文化協同のクラスで、ある受講生から相談を受けました。

　「先生、私の小グループのメンバーがちゃんとプロジェクトに関わってくれ
なくて、とても困っています。メンバーで集まって話し合いを始める時も、メ
ンバーの多くは最近の近況について話したり、メンバーで食事に行こうなどと
話していて、なかなか作業に取り掛かってくれません。また、メンバーはお互
いに遠慮して、肯定的なコメントしかせず、反対や批判がないので、議論が深
まりません。結局私ばかりがたくさんの作業をしてみんなをまとめないと仕事
が終わらず、不公平感を感じています。この授業のグループは、多文化理解に
ついて学ぶという目的をもって設定されたグループであって、仲良しグループ
ではないはずです。先生、ほかのメンバーがしっかり仕事をしてくれるように
注意していただけないでしょうか？」

解説：タスク志向と関係性志向の違い

　なぜこのようなコンフリクトが起きているのかについて、タスク志向と関係
性志向の違いから見てみましょう。このケース１において、困難を感じて教員

に訴えている学生はタスク志向が強く、この学生から見て仕事をきちんとしていないと映っているメンバーは関係性志向が強い可能性が高いでしょう。

　タスク志向とは、プロジェクトを進めるにあたって、その課題や問題を解決することを優先する志向を指します。そのため、プロジェクトの目的やタスクを重視し、質の高い課題解決を効率的に進めることを優先します。課題解決のためには反対意見や批判を述べることを躊躇せず、意見を戦わせることでより良い議論や課題解決を目指そうとします。メンバーの気持ちよりも課題の解決や活発な議論を優先する傾向があり、このケース1のように、タスク志向のメンバーが関係性志向のメンバーに対して、「この授業は仲良しになるためになるためのものではない」「お互い遠慮せずにはっきり意見を言わないと、良い課題解決ができない」「アイスブレイクや日常会話は時間の無駄」などと考えることもあるでしょう。

　一方、関係性志向は、話し合いにおいてメンバー同士が気持ちよく安心できることをまず重視します。したがって、意見を述べる時はその内容だけではなく、それがメンバーの気持ちや関係にどのように影響するかを考えながら表現し、グループ内の調和を保つことを優先します。また、より良い議論や課題解決には、まずお互いの信頼関係の醸成が重要だと考え、いきなりタスクに取り掛かるよりも、お互いを知ることで安心できる雰囲気をつくろうとします。関係性志向のメンバーからタスク志向のメンバーを見ると、「なぜ人の気持ちも考えずにズバズバと意見を言うのか？」「グループの雰囲気を悪くしないでほしい」「まず仲良くならないと良いプロジェクトにならない」などと感じてフラストレーションを溜めてしまう可能性があります。

意図的な教育的工夫：

　それでは、タスク志向と関係性志向のメンバー間でコンフリクトが発生している場合に、どのような教育的工夫ができるのでしょうか。コンフリクトが起きている場合は、「自分が正しくて相手が間違っている」という価値判断が入っていることが多いため、まず異なる志向やコミュニケーションスタイルがあることに気づいてもらうことが必要です。話し合いをする際に、少なくとも二つの志向（タスク志向と関係性志向）があることを事前に説明したうえで、各メ

ンバーが自分の志向はどちらに近いと思うかをメンバー間で共有してもらいます。次に、どちらの志向もチームワークにとって重要であることを理解するために、何かしらの理論やデータを示すことも有効です。筆者がよく使うモデルは、三隅 (1966) による PM 理論です。P とは Performance（目標達成機能）、M とは Maintenance（集団維持機能）を指し、P はタスク志向、M は関係志向に近似している機能です。このモデルでは、この二つの機能それぞれに意味があり、リーダーシップやチームにおいてこれらの二つの機能両方がうまく働く時に、チームの生産性がもっとも高まるとされています。したがって、PM 理論を使って両方の志向にそれぞれ意義があり、両者の志向を活かすことがより良いチームや目標達成にとって重要であると説明します。

　次のステップとしては、これらの説明をふまえて、各メンバーから自分とは異なる志向のメンバーについて、グループにおける貢献や強みをフィードバックし合ってもらうことも有用です。さらに、異なる志向のメンバーがどのように自分に関わってくれると、自分にとって動きやすくなるのかを具体的にリクエストし合うというステップを入れることもできます。そのうえで、グループワークの最後に、この二つの志向について自分たちがどのようにグループ内で動いたのか、どのようにすれば次回からより良いグループワークができるのかについて振り返ってもらうとよいでしょう。

6.2.2　プロジェクトの進め方の違い

ケース２：

　この多文化協同の授業では、講義部分を教員が担当し、その後の小教室での演習部分では、留学生と日本人の TA ペア二人に授業運営をお願いしています。ある日、そのペア TA のひとりである清美さんから相談を受けました。

　「先生、私のペア TA の Mark なんですが、仕事の仕方がいい加減で、一緒にやっていけるか自信が無いです。私は事前に資料を読んで、早めに打ち合わせをして、授業に必要な資料も締め切り前に準備して提出したいんです。一方、Mark は二人で締め切りを設定してもぎりぎりまで提出してくれないし、それどころかよく締め切りを遅れてしまうので、私のペースがいつも乱されてしまいます。また、Mark はあまり細かく決めすぎると柔軟に対応できないから、

大まかなところを決めて後はその場で対応しようと言って、事前準備をしっかりしてこないです。その結果、授業中に想定外のことを言ったり、いきなりその場で違うやり方を提案してきたりするので、私としては心が休まらないです。」

解説：構造志向と柔軟性志向の違い

　なぜこの二人の間でこのようなコンフリクトが起きてしまったのでしょうか。ここでは物事の進め方について、構造志向と柔軟性志向という視点からこのコンフリクトの原因を見ていきます。このケース2において、Markの仕事のやり方に不満を抱いている清美さんは、構造志向である可能性が高いと言えます。

　構造志向とは、物事を始める際に見通しと計画を立て、予定通りにきちんと進めることを好む志向です。この志向の人は、プロジェクトや仕事を進める際に、最初に全体のスケジュールや計画を立て、課題を計画にそって進めることで達成感を感じます。また、締め切りよりも前に余裕をもって物事を終えることを好むため、最後に慌ててやることを避ける傾向があります。構造志向が強い清美さんから見ると、Markは計画や締め切りをきちんと守らず、仕事を場当たり的に適当にやっている無責任な人と見えています。つまり、清美さんにとって「優秀な」TAとは、見通しをもって物事に臨み、計画通りに仕事を達成していける人だと考えている可能性が高いでしょう。

　一方、Markさんのような「柔軟性志向」が強い人は、状況に応じて物事を柔軟に進めることを好むため、最初からやり方や予定を決めることを窮屈と感じることが多いでしょう。柔軟性志向の人はできるだけ可能性に開かれておくことを好むため、すぐには決断せずにさまざまな情報を集め、最後に高い集中力で物事を一気に進めることを優先します。よって、Markさんは清美さんに対して、「なぜそんなに決めた通りにやろうとするのだろう。自分が決めたやり方や計画を私に押しつけないでほしい。」と感じている可能性があります。Markさんにとっては、「優秀な」TAとは、授業前にすべてを決めて準備するというよりも、その場の状況に応じて柔軟に進め方や説明の仕方を調整できる人だと考えている可能性が高いでしょう。

意図的な教育的工夫：

　では、構造志向と柔軟性志向の間でコンフリクトが起きた場合に、教員としてどのように介入できるでしょうか。これは前節のタスク志向と関係性志向の際の介入方法とも共通しますが、まずプロジェクトや話し合いの進め方には構造志向と柔軟性志向の二つがあり、それぞれにメリットがあること、どちらがより優れているというわけではなく、お互いを補完できることを伝えます。そのうえで、この構造志向と柔軟性志向という文脈で、どのような進め方が自分にとってはやりやすいのか、どのような状況や進め方ではストレスが溜まりやすいのかをお互い共有します。その際、「あなたの進め方が私をイライラさせる」といった "You" message（相手が主語のメッセージ）ではなく、自分はこのようなやり方だとやりやすい、もしくはやりにくいといった、"I" message（私が主語のメッセージ）で共有するようにうながすこともポイントの一つです。さらに、それらを共有した後で、お互いが気持ちよく活発にプロジェクトや話し合いを進めるためのコツを話し合ってもらい、そのコツを実践するようにうながすこともできます。この「コツ」は、内容的にはグラウンドルールに近いものでもありますが、「ルール」という言葉を使うことで、特に柔軟性志向の学生が窮屈さや抵抗感をもつ可能性があるため、「コツ」という言葉を使っています。

　また、この構造志向と柔軟性志向は、教員の授業の進め方や課題の出し方、グループワークの時間管理やインストラクションの出し方にも（時に無意識に）反映されることも多いと言えるでしょう。教員自身も自分の行動や設定がどちらかの志向に偏ったものになっていないかを振り返り、どちらの志向の学生にも参加しやすいように意識をすることも重要です。

6.2.3　自己表現の仕方の違い

ケース３：

　あなたが教員として教えている多文化協同の授業の後に、あるグループの受講生があなたのもとにやってきて、以下のように訴えました。

　「私たちのグループの２人がグループワークに積極的に関わってくれなくて、困っています。グループワークの時にいつも話を始めるのは私たちで、彼らが口火を切るのを見たことがありません。こちらが水を向けないと話してくれな

いし、話し合いの時も私たちが8割くらい話していて、彼らはあまりやる気がないみたいです。また、話し合いの時も反応がいまいち薄くて何を考えているのかわからないので、正直話し合いがしづらいんですよね。加えて、先日ピア評価があったんですが、おそらくその2人のコメントだと思うんですが、私たちが話しすぎだとか、話す内容が的を得ていないとか、もっと丁寧にほかの人の話を聞くべきなどと書いていて、私たちがこれだけ頑張ってきたのにそんな風に見られていたことがわかって、ショックでした。最近はこの授業でグループ活動をするのが苦痛になってきて、どうしたらいいかわからないです。」

解説：内向と外向の違い

　多文化協同やグループワークの授業をしていると、上記のように積極的に発言してくれないメンバーに困っている学生からの訴えを聞くことは、少なくありません。この発言量の違いは、モチベーションや理解度の違いによって引き起こされることもありますが、今回は自己表現という行動の違いとして現れる外向・内向という性格傾向の視点から上記のコンフリクトを考えてみます。外向・内向とは、主にMBTI (Myers, 1998) において使われている性格傾向の一つの側面であり、外向は自分の外側の環境や人と関わることで心的エネルギーやモチベーションを得ると言われています。したがって、グループでのコミュニケーションでは、相手とのやりとりを通して自分の考えをまとめていくことが多く、積極的な自己表現や他者との交流をおこなうことで、自分のアイデアや考えが活性化します。

　一方、内向は自分の内側にある考えや思いをじっくりと味わい確かめることで心的エネルギーやモチベーションを得るため、グループ内では自分の考えやアイデアをじっくりと把握し、その内容にぴったりする言葉で注意深く的確に表現しようとします。必要な時に、自分の考えがまとまってから発言することが多いため、発言するまでに少し時間がかかります。発言量自体は必ずしも多くないかもしれませんが、しっかりと練られた発言内容や表現の質の高さでグループに貢献することも少なくありません。

　このケースでは、教員に訴えている学生は外向であり、内向のメンバーが自分の考えや意見をまとめて、丁寧に言語化しようとする行為を、「発言が少な

く、ディスカッションに積極的に参加していない」と誤解している可能性があります。内向の学生から外向のメンバーを見ると、「外向のメンバーは考えがまとまってから的確な言葉で表現すべきだ」「話し過ぎて話し合いを独占している」「ペースが早すぎる」といった不満を感じている可能性があります。

意図的な教育的工夫：

　では、内向と外向の両学生が力を発揮できるように、ファシリテーターとしてできる教育的工夫を考えてみましょう。まず、内向の学生は自分の中の考えや思いを確かめて言語化するために少し時間が必要なので、学生に意見を聞く際や話し合いで意見表明を求める時には、すぐに意見を求めずに数分程度でも自分の中で意見を考えて書き留める時間を取ることで、内向の学生が表現しやすくなるでしょう。また、事前課題で個人の意見をあらかじめミニレポートなどに記述してもらったうえで、授業内ではそのレポートにもとづいて話し合いをおこなうという方法もあります。加えて、意見をシェアする際に、いきなり教室全体やグループで話してもらうよりも、シンク・ペア・シェアの技法のように、まずペアでシェアをしてから、より大きなグループや教室で共有してもらうと、緊張を和らげることができるでしょう。

　外向の学生にとっては、さまざまな人や環境との活発なやりとりを通じてモチベーションやエネルギーが高まります。そのため、アイデア出しができるブレインストーミングを活用する、授業内外でさまざまな人と関わる機会を設ける、教員が知識や情報を提供するごとにグループ学習や体験学習を取り入れる、といった工夫をおこなうことで、学びのモチベーションや活力が向上するでしょう。

　また、二つの志向がグループ内でぶつかって、自己表現に偏りが出ている場合は、内向の学生の意見表明の機会を担保するために、ひとりずつ順番に時間を決めて意見を表明してもらうようにします（ラウンドロビンの技法）。その際、まずワークシートなどに意見やアイデアを書いてもらってから、意見共有に移ることもできます。また、つい話しすぎてしまう外向の学生がいる場合は、グループ内のファシリテーターとしての役割をその学生にお願いして、全員が十分に意見を表明できるように配慮しつつ動いてもらいます。授業の最後に、そ

れぞれのメンバーがどれくらい自己表現をできたのかを振り返ったうえで、次回からお互いがより自分らしく自己表現ができるにはどうすればよいかを話し合うのも効果的でしょう。

6.3　コンフリクトを学びにつなげるために

6.3.1　自分の志向を理解する

　コンフリクトを学びにつなげるうえで重要な点の一つは、これまで説明してきたような志向の違いがあるということを知識として学生に与え、どの志向にも優劣はなくそれぞれ必要な志向であることを説明することです。志向は個人の性格にも紐づいているため、自分にとって自然であることが多く、そのため自分以外の人たちも同じように考えている・行動していると無意識に考えがちです。また、自分の志向とは異なる物事の進め方を目にした際に、その方法を不自然・非効率だと評価してしまう傾向も見られます。そうであるからこそ、自分の志向以外にもさまざまな志向が存在していることを情報として知ったうえで、身近なメンバーが異なる志向をもっていることを確認する必要があるのです。志向の違いを知り、実際にグループのメンバー間にも違いがあること、志向によって物事の進め方や感じ方が異なることを実感することで、自分や相手の行動をメタ的な視点から認知できるようになり、相手を感情的にジャッジすることを防ぐことができるようになります。また、異なる志向の相手にもそのように行動する理由や意味があることを理解できるようになると、相手により共感的に関わり、お互いの強みを活かせるように協力できるようになるでしょう。

　自分の志向への理解を深める手順としては、まずそれぞれの志向の意味や特徴をきちんと把握したうえで、ワークシートなどを使って自分がどの志向だと思うのかを自己評価してもらいます。次に、同じ小グループのほかのメンバーは自分がどの志向だと思うか、またそれはこれまでのどのような発言や態度、行動からそう考えたのかをフィードバックしてもらうことも有用です。そうすることで、自分から見えている自分の志向と、他者から見た自分の志向にどのような違いや共有点があるかを明確にでき、自己理解をさらに深めることができます。

6.3.2　グループダイナミクスへの理解を深める

　グループダイナミクス、つまりお互いの違いや共通点が、グループの中でどのように影響し合っているのかについて理解を深めるために、メンバー各自の志向を共有することも重要です。具体的には、小グループのそれぞれのメンバーが自分はどの志向だと考えるかを共有し、その結果をワークシートなどに記入することで、グループではどの志向が多数派または少数派であるかを明確化できます。その際、構造志向か柔軟性志向かという2択よりも、5件法や7件法のように連続した線上で、自分にしっくりくる位置を選んでもらったほうが答えやすいことも多いです。また、学生によっては、どちらかの志向がより望ましいのではと考える場合もありますので、答えてもらう前に志向に良し悪しはなく、それぞれ重要であると伝えること、また志向は人によっては個人的なことである可能性もあるため、お互いの志向に関する情報はグループ内のみにとどめることを喚起しておくと、学生もより安心して共有することができるでしょう。個々人の志向を共有したうえで、志向のバランスの違いが、各メンバーおよびグループにどのような影響を及ぼしているかについて話し合ってもらってもよいでしょう。

　また別の方法として、自分とは反対の志向を使うことがどのように感じるのかについて体験的に理解してもらうために、一定の時間あえて自分の志向とは逆のやり方で話し合いをしてもらい、その後お互いどのように感じたのかを話し合うことで、グループ内の少数派の気持ちや体験について共感を深めるよう促進することもできます。このようにして、ある特定のやり方や進め方を強要されることで、どれだけ個人にストレスがかかり、力が出しにくくなるのかを体験してもらい、お互いが力を十分に発揮するには、どのように関わることが重要かを考えてもらうきっかけとします。

6.3.3　気づきを行動につなげるための振り返りを用意する

　さまざまな志向について知り、お互いの志向がグループ中でどのように影響しているかについて理解を深めた後は、その気づきを具体的な行動につなげることが重要です。そのためには、例えば、それぞれの志向をもつメンバーにとって、どのような話し合いの進め方や課題の設定であれば力が発揮しやすい

かを具体的に共有し、すべての志向についての具体例が出たうえで、自分たちのグループが個人および全体としてもっとも力を発揮できるようにするにはどうすればよいかについて話し合ってもらいます。その際、グループとしてのグラウンドルールとして自分たちが大切にしたい具体的な行動や態度、話し合いの仕方などを決め、グループ間で発表してもらうことも有用です。さらに、設定したグラウンドルールや話し合いの方法がどれくらい実現できているかを、定期的にグループ内で振り返りをしてもらい、グラウンドルールや自分たちの行動を調整できるようにうながすことも重要でしょう。

おわりに

　ここまで、グループコンフリクトを学びにつなげる方法について、主に志向の違いという視点から説明してきました。この章を終えるにあたって、「コンフリクトは学びを深める機会である」という視点の重要性を述べて締め括りとしたいと思います。一般的に「コンフリクト」と聞くと、多くの人はネガティブなものを思い浮かべ、できるだけ避けようとするのではないでしょうか。またグループ内でコンフリクトが起きると、それはチームワークの失敗と受け取られることが少なくないでしょう。しかし、冒頭でも述べたように、コンフリクトはお互いが本音をぶつけ、信頼感を深めるチャンスでもあるのです。もちろん、すべてのコンフリクトが信頼感や学びの深まりにつながるわけではありませんし、学びや信頼感を深めるためにコンフリクトが必要条件というわけでもありません。とはいえ、コンフリクトは学びやチームワークのチャンスという視点をもつことができれば、コンフリクトを積極的に理解し、学びへつなげようという意欲も高まります。マクゴニガル（McGonigal, 2016）が客観的な研究結果をあげて主張した、ストレス自体が私たちの心身に害を及ぼすのではなく、「ストレスは悪いものだという信念」が私たちに悪影響を及ぼすという点に類似しています。彼女の研究では、「ストレスは自分たちを強くしてくれる」という信念をもっていた被験者は、ストレスの経験が心身に悪影響を及ぼさなかったどころか、ストレスをあまり感じなかった人以上に心身が健康であったことがわかっています。同様に、「コンフリクトは厄介なもの、避けるべきも

ので、コンフリクトが起きたら失敗だ」という考えから、「コンフリクトはエネルギーを使うかもしれないが、学びや信頼感を深める大切なチャンスだ」という新しい考えに変えることが、コンフリクトを学びにつなげるうえで非常に重要なポイントの一つだと言えるでしょう。

　その視点として、本章では、MBTI（Myers-Briggs Type Indicator）の考え方（Myers, 1998）、六つの帽子思考法（De Bono, 2015）、異文化間コミュニケーションの違い（Hogan, 2007; Stringer & Cassiday, 2009）から、さまざまな志向性によるコンフリクトの可能性と教育的介入について紹介しました。このような志向性の知見を得ることで、教員も自分をより深く理解することができます。そうすることで、自身のコミュニケーションスタイルや志向性を強みとして知ることができ、学生らと向き合う姿勢やコンフリクトの対応にも肯定的に影響してくるはずです。まずファシリテーターとして教員である私たちが、実体験もしくは客観的な研究結果からそのような多角的な視点を獲得し、授業等で実践していくことが大切です。

　みなさんは、以下の問いに対してどのように考えるでしょうか。

- あなたの授業や教育プログラムの内容や実施の仕方にはどのような特徴がありますか。またそこにはあなた自身のどのような志向性や価値観、コミュニケーションスタイルなどが反映されているでしょうか。
- あなた自身が属しているグループ（例えばプロジェクトミーティングや会議など）で最近体験した、もしくは目撃したコンフリクトの場面を思い出してみましょう。そのグループコンフリクトには、この章で紹介した志向性の違いがどのように関連していたと類推できるでしょうか。
- あなたが実施している授業やプログラムにおいて、グループコンフリクトを学びにつなげるために、この章で紹介された提案をどのように使ってみたいですか。またこの章では言及されていなかった、あなたなりの工夫にはどのようなものがあるでしょうか。

参考文献
坂本利子、堀江未来、米澤由香子編著（2017）『多文化間共修—多様な文化背景をもつ大学生の学び合いを支援する』学文社

末松和子、秋庭裕子、米澤由香子編著 (2019)『国際共修―文化的多様性を生かした授業実践
　へのアプローチ』東信堂

三隅二不二 (1966)『新しいリーダーシップ―集団指導の行動科学』ダイヤモンド社

De Bono, E. (2017). *Six thinking hats: The multi-million bestselling guide to running better
　meetings and making faster decisions*. Penguin UK.

Hogan, C. (2007). *Facilitating multicultural groups: A practical guide*. Kogan Page UK.

McGonigal, K. (2016). *The upside of stress: Why stress is good for you, and how to get good
　at it*. Avery Publishing.

Myers, I. B. (1998). *Introduction to type: A guide to understanding your results on the MBTI
　instrument* (6th ed.). Consulting Psychologist Press.

Stringer, D. M., & Cassiday, P. A. (2009). *52 activities for improving cross-cultural
　communication*. Intercultural Press.

Tuckman, B. W. (1965). Developmental sequence in small groups. *Psychological Bulletin*,
　63(6), 384–399.

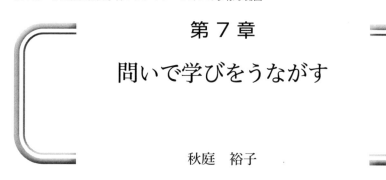

第 7 章

問いで学びをうながす

秋庭　裕子

はじめに

　学習者中心の授業をするうえで、教員がどのような問いを投げかけ、学びをうながすのかが非常に重要になってきます。昨今、ファシリテーションと並んで、問いに関する書籍が続々出ているのも、問いに対する関心の高さとともに、その難しさがあるからでしょう。

　どんな問いを、どのように発するかで、その問いは教育的介入、もしくは働きかけになります。本章では、言語的文化的に多様な学習者を対象とした活動の中でも、協同学習、体験学習を伴う活動に焦点を当てて、問いによるファシリテーションについて考えていきます。

7.1　問いの種類と教育的意図・目的

7.1.1　問いで学習者の学びと場を活性化させる

　問いによって、学習者それぞれの思考に変化をうながすだけではなく、全体討議やグループで意見を交わすことで、新たな別の問いが生み出されて、議論が活発になったことはありませんか。このように、問いによって学びの場は活性化され、学習者が関係性（自己、他者）を構築する中で、学習者の自己効力感、発見をうながすこともできます。マイケル・サンデル先生の授業を見ると、この学習者の学びと場が、問いによって活性化されていることがよくわかります。学びのファシリテーションというプロセスは、教員が発する問いや提案（もしくは介入）によって、学習者の思考や学びを深めることができます（Hunter, 1994）。

　その中でも、教員が最初に学習者に投げかける問いが肝心です。それがわかりやすいかどうか、学習者の関心を引き出すかどうかによって、その後の流れが大きく変わります。例えば、最初の問いで、「～について考えたことがありますか？」と問いかけるだけでも、その日の授業で扱う内容に対する学生の理解度を知るだけではなく、学生たちが自分事として捉え、問題意識を喚起させることもできます。

コラム 7.1　問いによる場の活性化：沈黙の捉え方

　アメリカで関心が高まっている文化に対応した指導・教授法（culturally responsive pedagogy/teaching）やファシリテーションでは、silence、つまり沈黙、間の文化的認識の違いにも着目しています（Hogan, 2007; Ryan, 2013）。学習者によっては問いを考えるために沈黙していたり、すぐ答えることが先生に対して失礼だと考える文化的背景もあるかもしれません。そのような文化的価値観・態度の違いを尊重し、問いに対してすぐに回答すること自体が欧米型の価値観と行動を押しつけているのではないかという意見もあります。また、ファシリテーターである教員自身も場を活性化しようと、話しすぎる傾向もありますが、もっとも重要なのは学習者の話に耳を傾けることです（Kolb, 2014）。傾聴することで、次の問いや流れを考えられるからです。その場の雰囲気と学習者にもよりますが、このような文化的違いや学習者の学習スタイルを考慮することも、文化的多様性を活かしたファシリテーションには必要になります。

7.1.2　問いの種類と目的：オープン・クエスチョンとクローズド・クエスチョン

　問いには、オープン・クエスチョンとクローズド・クエスチョンの 2 種類があります。授業を展開するうえで、教員として自身がどのような問いを無意識に使っているか確認してみましょう。授業の冒頭では、学生の学習内容についての理解度を確認したり、学生の文化的背景を把握するために、簡単なクローズド・クエスチョンから始めることが多いかもしれません。回答方式は、口頭だけではなく、その場での挙手、オンラインでの投票なども考えられます。

　ファシリテーションを中心とした授業を展開する際、クローズド・クエスチョンとオープン・クエスチョンの活用イメージ（表7.1）に留意し、この 2 種

類の問いをうまく混ぜながら、学生の学びを深めていくことが望ましいでしょう。学習者に考えさせるため、授業ではオープン・クエスチョンがよく使われますが、クローズド・クエスチョンを使うことで、グループワークの途中で「5分だけ休憩を入れますか？」と確認することもできますし、議論が収束にむかうところで、「ほかに意見はありますか？」「これで、すべての意見は出ましたか？」と投げかけて、展開することができます（Kolb, 2014）。

表7.1　オープン・クエスチョンとクローズド・クエスチョン

	オープン・クエスチョン	クローズド・クエスチョン
内容	・相手に自由な考え方をさせる質問	・相手の考えを限定する質問
効果	・相手の発想を膨らませ、想像力をかきたてる	・相手の答え方の選択肢を提供することで、考えを明確にしたり、回答を絞り込む
活用イメージ	・議論をもっと広げたい時 ・相手の思いや考えをより深く引き出したい時	・意見を収束させたい時 ・ポイントを浮き彫りにしたい時 ・話し合いの場がまだ温まっていない時 ・メンバーから意見があまり出ない時
形態	WHY 「なぜ」 WHAT「何が？」「どんな？」 HOW 「どのように？」	二者択一の質問 ・イエス／ノー型 ・A or B 型 ・A or not A 型
学習者にとってのメリット	・自分の言葉で、言いたいことが言える	・選択肢があるため、答えやすい
教員にとってのメリット	・発言や考えをうながすことができる ・予想外の情報も引き出す	・学習者の理解と事実の確認などに向いている
留意点	・予測していない返事への対応が難しい ・オープンすぎると答えにくい ・自己表現が苦手な人は答えにくい	・対話が発展しにくい ・内容によっては尋問のようになりうる

大谷 (2017)、米井ら (2021)、中村ら (2020)、山本ら (2022) をもとに筆者作成

7.1.3　安心して学習できる場を確認する問い

　授業において、どのような問いを最初に投げかけるかが重要になってきます。それによって、学習者が心理的に安全だと感じるかどうかを左右するからです。アメリカにおける研究調査では、優秀な大学教員は、「学問より学生から始める」(ベイン, 2008; 118) ことを重要視し、授業冒頭の最初の問いによって学生の興味・注意力を引きつけ、教員が次に何を問うか、指示するか、説明するのかで、学生たちの注意を引きつけられるよう常に意識して努力しているという結果がでています (ベイン, 2008)。そのため、授業冒頭の問いに対する回答で、学習予定の内容について学生の理解度が低いということが感じられたら、「学問より学生から始める」ことを大切にし、学生の視点から授業を手早く組み立てる柔軟性が必要となります。そのためにも、冒頭での問いは、その日の授業の流れと学生の理解度・進捗状況を確認し、心理的に安全な場を提供し、活性化するうえで大切です。

コラム7.2　ソクラテス式問答法による問い

教員による問いと学生による回答のやりとりから、学生により深く考えさせる手法として、ソクラテス式問答法があります (中井, 2015)。古代ギリシャのソクラテスが用いた技法からこのように名づけられています。学生の回答に合わせて、次の問いを考えつつも、授業の到達目標から外れないように留意する必要があるため、教員のファシリテーション能力の高さが求められます。

ハーバード大学のマイケル・サンデル先生の授業では、このソクラテス式問答法がうまく活用されており、最初の問いから、学習者の学び、好奇心が刺激されているのが伝わってきます。ただ、日本というコンテキストで文化的に多様な学生がいる教室を考えた場合、日本語もしくは英語による問いが理解できない学生、問いに対してすぐ回答するという学習スタイルに慣れていない学生もいるかもしれません。このような学習者の背景を考慮したうえで、問いによる場の活性化を考えていきましょう。

7.1.4　言語文化的に配慮した問い

　文化的に多様な学生を対象とした授業では、問いにも学習者の言語文化的背景に配慮することが大切です。問いはできるだけ簡潔な文にしましょう。余裕

があれば、口頭だけではなく、スライドやホワイトボードに書き出すとよりわかりやすいでしょう。また、多文化な学習者を対象とした問いでは、否定形を使わないことも意識しましょう (Hogan, 2007)。例えば、日本語で「理解できませんでしたか？」という簡単な質問でも、日本語では「はい、理解できませんでした」ですが、英語話者が考えると "No, I did not understand it." から「いいえ」と日本語で回答するかもしれません。このような混乱を避けるためにも、できるだけ否定形を避けた問いを心がけましょう。

コラム7.3　自分がよく使う言葉は、当たり前ではない

以前、アメリカで開催された国際学会に参加した時、アメリカ人の発表者がSTEM という用語を使って発表していました。教育に関する用語であることは推測できたのですが、その当時の私は、STEM という意味がわからず、モヤモヤした気持ちを抱えながら、発表を聞いていました。他のアメリカ人の参加者は当たり前にわかっている用語だという思いもあり、「わかっていないのが恥ずかしい」という思いもありましたが、発表の終盤で、隣にいたアメリカ人の友人に思い切って STEM について聞いてみました。彼女は "Oh no!" と言いながら驚きと同情の表情を浮かべ、"Science, Technology, Engineering, and Mathematics." と教えてくれました。この経験から、自分が授業で当たり前に使っている言葉や表現を、学生が知らない可能性もあること、そして、そのような学生はどんな気持ちになるのかということを、あらためて考えさせられました。

7.2　関係性における問いによる学び

7.2.1　知的に挑戦する問い

　ファシリテーションによる場づくりで、学生がただ安心安全な場に留まり、「快適ゾーン」にいるだけでは、居心地はいいかもしれませんが、学習成果は上がりません。「快適ゾーン」から、心理的安全性が高い中での学習成果を上げる「学習ゾーン」へ移行するにはどうしたらいいでしょうか。その教育的手法はさまざまあると思いますが、問いについて考えると、学習者がこの「快適

ゾーン」を超える問い、つまり、知的に挑戦する問い (Intellectually challenging questions) を呼び水として「学習ゾーン」へと導き、そこでの学習が継続できるよう意図的な問いや教育的介入によって、学習者の学びをサポートすることが必要になります (Zeegers & Elliott, 2019)。

　知的に挑戦する問いとは、学習者が「快適ゾーン」を飛び出し、学習意欲を高めながら、学びを深める問いを指します。そのためには、問いによって、頭・心・思考の3点を刺激します。例えば、授業で新しい情報を得る（頭で知識を理解する）ことによって、心と思考が同時に揺さぶられ、知的に挑戦する問いに対して自分で回答を求め、学習することができると言われています。

　そのためには学習者がより現実的な文脈で、学習対象を自分事と捉え、意見を言えるような場を教員がつくる必要があります。また、個人レベルで書いたり、内省をするだけではなく、クラスメートや、グループワークのメンバーという関係性の中で、ほかの意見を聞いたり、疑問を投げかけたり、ディスカッションすることでまた新たな問いが生まれてきます。知的に挑戦する問いでは、そのようなプロセスを育みますが、そのためには教員も頭・心・思考を使って柔軟にファシリテーションをすることが大切です。

7.2.2　学生同士の関係性を問いに活かす

　問いに対する答えを学生個人でじっくり内省することも大切ですが、グループやペアワークで問いに対する考えや意見をお互いに聞くような意図的介入も考慮しましょう。ほかの学習者に対して意見を主張または弁護するプロセスの中で、学びがより深まるためです。ただ、最初から難易度の高い問いであると、グループで何を言えばいいのか緊張感が生まれるかもしれません。特に、言語文化的に多様なグループでは、言語レベルやコミュニケーションスタイルの違い（第6章参照）によっても、意見が出やすいかどうかが変わってきます。教員は、問いの内容だけではなく、問いによる学びのプロセスを関係性の中でどう深められるか検討し、グループ分けや言語面（教授言語、資料の言語）でも工夫をしつつ、ファシリテーションしましょう。

7.2.3　学生からの問いを活かす

　教員から問いを投げかけるだけではなく、学生からの問いも活かし、授業を展開していきましょう。学生からどんな問いが出てくるのか、事前に予想することはできません。また、文化的多様な学生からは、自身の社会文化的、政治的、経済的事情に関連した思いがけない問いがかえってくることも考えられます。

　学生によっては、教員に問いを投げる、質問をすることが失礼な行為であるという教育を受けた人もいるかもしれません。そのため、授業の冒頭に、例えば「皆さんのどんな問いも疑問も大切にします。」と伝え、教員として学生からの問いを受け入れる姿勢を示しましょう（Hogan, 2007）。

　実際、学生から問いがあがるという時点で、学生自身が問いを出せる安全な場であるという認識があり、その学習の基盤を教員がつくっているのです（Hogan, 2007; ベイン, 2008）。問いを出してもいいという心理的安全性があるからこその学生の行為なので、学生の問いを真摯に受け止めて、問いを出しやすい雰囲気ができるよう、ファシリテーションをしましょう。

7.3　体験からの学びをうながす問い：体験学習の循環理論から

7.3.1　体験学習の循環理論

　言語文化的に多様な学生の特性を生かし、授業内外での学びを深めるために、教員は学生の学びのサイクルを理論的に理解し、問いや意図的な教育的介入を仕掛けることが大切です。文化的に多様な学生同士での学びの場で、なんらかの経験をしても、それに対して振り返り・考察をしなければ、学びにはつながらないからです（坂本ら, 2017; 末松ら, 2019）。ここでは、学生の学びのプロセスとして、体験学習の循環理論を紹介します。

　体験学習の循環理論としては、Kolb（1984）が提唱した「体験」→「内省・観察」→「概念化」→「概念の試行」という四つのステップを経た循環理論がよく知られていますが、これらをより体系化し、学びのプロセスとファシリテーションの観点からさらに研究して、わかりやすくしたのが、津村（2003, 2019）が提唱する体験学習の循環理論です。

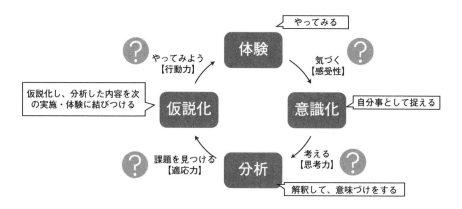

図7.1　体験学習の循環理論
堀（2008）、津村他（2003）、津村（n.d）をもとに筆者作成

　津村が提唱する体験学習の循環理論（図7.1）では、

● 体験をすることで（体験）

● 体験を自分事として捉え（意識化）、

● その体験を解釈し、なぜそうなったのかを意味づけし（分析）、

● 次に体験する時にはどう生かせばいいのか行動目標や課題を見出す（仮説化）

という四つのステップが盛り込まれています。このステップの循環プロセス
（図7.1の各矢印の部分）、つまり、「気づく」→「考える」→「課題を見つける」→
「やってみよう」の四つの移行プロセスをサポートするには、意図的な教育的
仕掛け、ファシリテーションが非常に重要になってきます。そのため、津村
は、この理論をより実践的に研究し、個人だけではなく、グループや組織の中
での成長や学びのプロセスに応用しています。グループ学習のファシリテー
ションにおいても、意図的な問いを導入することによって、このプロセスを図
の矢印に沿って進行させることが可能となります。

7.3.2　体験からの学びをうながす問いを立てる
　上述の体験学習の循環プロセスをサポートするために、ファシリテーターで
ある教員はそれぞれのステップを踏んでいけるような授業設計やプログラムを

デザインし、働きかけることが大切です。働きかけの一つである問いによって、学生の学びをどのようにうながすことができるでしょうか。表7.2は、先行研究をもとに体験学習の循環プロセスをうながす問いをまとめたものです。

表7.2　体験学習の循環プロセスをうながす問い

プロセス	問いの特徴	意義	問いの例
気づく（体験→意識化）	具体的に何が起きたのか思い出す、振り返る問い。	言動だけではなく、その時の感情も体験として含める。体験というプロセスのデータ収集をする。	いつ？誰が？何を？どのような方法で？〜の観点では、どうでしょうか？あなたは何をしましたか？〜について知っていますか？
考える（意識化→分析）	自分事と捉えて（意識化）、振り返った言動を評価・分析する問い。心理的な内容に関する問い。	結果ではなくプロセスに起きることにもフォーカスすることも大切。気づいたこと、考えたことを分かち合う。	なぜ？どう〜？（気づいた、感じた等）何を学びましたか？何が印象深かったですか？ほかの人も同じ反応ですか？違いはありますか？確認しましょう。
課題を見つける（分析→仮説化）	今までの個別の経験を一般的なものにする問い。	今回の課題から見えた挑戦すべき点だけではなく、できたことをさらに伸ばすには？という視点も大切にする。	〜に大切（必要）なのは何ですか？〜するにはどうしたらいいですか？どのようにほかの場面に応用できますか？さらに伸ばすにはどうすればいいですか？
やってみる（仮説化→体験）	今後の活用につながる問い。	実行してみようと思える後押しする働きかけや意識づけをする。	次回（もしまた）〜であれば、何を〜？どう〜？何が〜？

津村（2019）、中村ら（2020）、堀（2008）を参考に筆者作成

　表7.2の問いの例からもわかるように、体験学習の問いには主にオープン・クエスチョンが多く、個人での内省やグループでの分かち合いによって、学習者の学びをうながす問いであることがわかります。問いを投げかける時の留意点として、ファシリテーターである教員は、気づきや学びを教え込むような働きかけをしてはならないということです (津村, 2019)。授業の時間やその次の活動を気にするあまり、教員は学生が自発的、自主的に学び合えることを忘れてしまいがちだからです。このサイクルを回す問いを事前に考えていたとしても、学生からの回答やグループでの話し合いによっては、教員が事前に考えた次の問いにつながらないかもしれません。特に、多文化の学生とのやりとりでは、予想外のことが起こり、教員が次の問いを躊躇することもありうるので、教育目標を意識しつつ、柔軟に対応しましょう (Hogan, 2007)。

7.3.3　問いから「アンラーニング」する

　体験学習の循環理論を応用して、問いによって学びと内省をうながすことで、次の体験へのつなげることができます。特に、文化的背景の異なる学生が集まる学びの場では、ファシリテーションによって、より深い学びと気づきが生まれるでしょう。その際、教員は、学生が問いによって刺激を受けながら「アンラーニング (unlearning)」しているかどうかも意識しておきましょう。「アンラーニング」とは、今まで身につけてきた価値観、知識、スキルを見直し、現状に合わせてあえて取捨選択することで、可能性を広げられる手法として、注目されています。インターネットの普及により、知りたい情報は無限に得られますが、その一方で、実は私たちが知りたい情報だけを取捨選択することで、かえって視野は狭まり、同じ価値観の集団で行動し、共有する傾向があると言われています (サイド, 2021)。そのため、文化的多様性のある学びの場では、今までの価値観、知識、スキルに加えて、新たな能力を追加するというよりも、問いによって学びを振り返ることで、学習者が今後必要な能力を見直し、必要に応じて、そぎ落としたり、付け加えたりしながら、次の体験につなげることができることを、ファシリテーターが意識し、サポートすることが大切です。

7.3.4　問いから多様性を学び、活かす

　体験学習の循環プロセスは、同じ循環を繰り返すのではなく、スパイラル状に上昇していきながら、体験を重ねることで、学びや成長を深めることができます。経験から学び、「次にはこうやってみよう」と意欲をもって学習者が次に進めるよう、問いを活用しながらファシリテーションしていきましょう。

　また、体験を通して、学習者は内省型、分析型、行動型といった多様なスタイルで反応し、学びを深めているため、ある問いには簡単に答えが出ても、別の問いに難しさを感じる学生もいるかもしれません（津村, 2019）。そのため、次の体験へ導くだけではなく、グループ内のメンバーの特性を活かしながら学び合い、次の体験へと生かす学習プロセスを通ることができます。文化的に多様なグループでの学習では、コミュニケーションスタイルや学習スタイルの違いなど、多様な特性が出て、気づきにつながる可能性もあり、ファシリテーションによって、教員が予測していなかった学びを深めることができます。

7.4　問いから考えられるバイアス

7.4.1　学習者の文化的多様性を配慮した問いを心がける

　文化的に多様な学生たちが履修している授業を想像してください。講義とディスカッションを中心とした授業では、「あなたの国ではどうですか？」というような、あたかも国を代表した意見を求めてしまうような問いを投げかけることが往々にしてあります。この場合、多様性の中でも、学生の国籍をより意識してしまっているからです。教員としては、一学生の意見を聞いているつもりなのかもしれませんが、これでは、学生個人の多様性を尊重していないだけではなく、国の代表として回答をしなくてはいけないというプレッシャーを学生に与えかねません。このような問いは、自由に答えさせるにしているようでいて、実は相手をコントロールしてしまう聞き方（シャイン, 2014: 84）であると言えます。その学生の個人としての多様性を尊重し、問いを投げかける工夫をこころがけましょう。

7.4.2　詰問に注意する

　ディスカッションの場面で教員が発問して学生の思考を刺激することは重要です。時には、「なぜそう思うのでしょうか？」「このような場合には、本当にそうだと言い切れるでしょうか？理由を教えてください。」とあえて厳しい問いを投げかけ、考えさせることも有効です。相手の主張をより確かにするために反論する立場の人を悪魔の代弁者を意味するデビルズ・アドボケイトと呼びます（中井, 2015）。ディスカッションでは教員はそのような役を演じることで学生の学習を促進することができます。

　一方、発問が学生を責めて厳しく問いただす詰問になってしまう場合もあることを理解しましょう。「なぜそのテーマを選んだのですか」「なぜグループワークが進んでいないのですか」といった言葉は、受け手にとっては詰問になることがあります。特に、「なぜ」という問いは、理由や意図に関心をもって聞くために使われますが、日本語での「なぜ」という問いは、詰問の意味合いが強くなり、学習者を委縮させることがあります（大谷, 2019; 三田地, 2013）。教員がパワーをもつ文化圏で教育を受けた学生は「なぜですか」と教員に問われたことで、より詰問として捉え、「先生には理解してもらえなかった」と解釈する学生もいるかもしれません。

　また、過去や現在に関する否定的な発問は学生を委縮させるおそれがあります。そのような場合は、未来の肯定的な発問にできるとよいでしょう。具体的には、「なぜできなかったのですか？」ではなく、「次はどのようにすればよいと考えますか？」と前向きになれるような表現を使うとよいでしょう。

7.4.3　教員は自身のパワーを自覚する

　第3章で教員と学生のパワーバランスを取り上げたように、教員は、成績を付与する立場として、学習者にとってパワーをもった存在であることを自覚しましょう。文化的多様性に配慮の欠ける問いや言動をしていても、学習者、特に教室内において文化的少数派だった場合、教員に指摘しづらい可能性もあり、文化的ミスマッチに教員も気づかないまま授業を展開する可能性もあります（Howe & Lisi, 2017）。

　私たちはこのようなパワーを自覚したうえで、問いによるファシリテーショ

ンを意識しましょう。問いに対して学生が回答したとしても、教員の聞き返し方やファシリテーションの仕方によっては、学生が混乱するかもしれません。例えば、教員が同じように聞き返したとしても、「ちょっとわからない。」という返し方と、「さっき話した内容をもう少し詳しく教えてくれるかな？」と言い返すのでは、学習者に伝わるニュアンスが全く異なります。多様な日本語レベルの学生がいる授業では、「やさしい日本語」のガイドラインも参考にしながら、わかりやすい言葉で問いかけましょう。

コラム7.4　"Please raise your hand."

数年前、私の友人が、欧州の某大学に招聘され、集中講義をおこないました。日本の大学でも英語による授業をおこなっていたので、日本と同様に問いを投げかけ、"Please raise your hand." と言ったところ、誰も挙手しませんでした。

その教員は、なぜ学生が挙手をしないのかよくわからないまま、翌日も授業に向かいました。すると、ある学生が歩み寄り、こう言いました。

「先生、手を挙げる動作はヒトラーを連想させるから、ここではそのように手を挙げないのです。」

その学生の指摘のおかげで、以降の授業では、より意識的に問いを投げかけるようになったそうです。この学生の指摘がなければ、受講学生と教員との関係性、授業の進行に影響したかもしれません。自文化の当たり前が当たり前ではないということを痛感したエピソードでした。

おわりに

　本章では、学びをうながす問いはどのようなものか、オープン・クエスチョン、クローズド・クエスチョンという問いの種類、体験学習の循環理論に基づいた学びをうながす問いの立て方、発問する教員としての心構えなどについて、文化的多様性の観点から述べてきました。問いは、ファシリテーターから発せられるものだけではなく、その問いによって思考を刺激された学生からも新たな問いが出てくることもあります。この相互作用によって、より学びをう

ながし、深めるためにも、教員が最初の発問をしてから、学びのプロセスを
ファシリテーションすることが重要です。

　本章「問いで学びをうながす」を読んで、今までの経験を振り返った時、以
下の問いに対して、どのような考えが浮かぶでしょうか。

* あなたが授業や活動で、学生たちに問いかける際に心掛けていることは何
  でしょうか。
* あなたが授業や活動で、言語レベルや文化的背景がさまざまな学生たちに
  問いかける際に心掛けていることは何でしょうか。
* 上の二つが違う（もしくは同じ）場合には、あなたが問いかける際に大事に
  していることは何でしょうか。
* より学びの場を活性化させるためには、どのような問いの工夫ができるで
  しょうか。

参考文献

大谷佳子 (2017)『対人援助の現場で使える・聴く・伝える・共感する技術 便利帖』翔泳社
大谷佳子 (2019)『対人援助の現場で使える質問する技術 便利帖』翔泳社
サイド, マシュー (2021)『多様性の科学―画一的で淘落する組織、複数の視点で問題を解決す
　る組織』ディスカヴァー・トゥエンティワン
坂本利子、堀江未来、米澤由香子編 (2017)『多文化間共修―多様な文化背景をもつ大学生の
　学び合いを支援する』学文社
シャイン, エドガー (金井壽宏監訳, 原賀真紀子訳) (2014)『問いかける技術―確かな人間関係と優
　れた組織をつくる―』英治出版 .
末松和子、秋庭裕子、米澤由香子編 (2019)『国際共修―文化的多様性を生かした授業実践へ
　のアプローチ』東信堂
津村俊充 (2019)『プロセス・エデュケーション―学びを支援するファシリテーションの理論
　と実際 改訂新版』金子書房
津村俊充 (n.d.)『体験学習とはアクションリサーチだ！』(動画タイトル) 一般社団法人日本体験
　学習研究所 https://www.youtube.com/watch?v=tRbjoVsOHmA (参照日：2022年2月4日)
津村俊充、石田裕久編 (2003)『ファシリテーター・トレーニング―自己実現を促す教育ファ
　シリテーションへのアプローチ』ナカニシヤ出版
中井俊樹編 (2015)『シリーズ大学の教授法3 アクティブラーニング』玉川大学出版部
中野民夫、三田地真実編 (2016)『ファシリテーションで大学が変わる―アクティブ・ラーニ
　ングにいのちを吹き込むには 大学編』ナカニシヤ出版 .

中村文子、パイク，ボブ (2020)『研修ファシリテーションハンドブック―参加者が自ら学ぶ「場」のつくり方・運営の仕方』日本能率協会マネジメントセンター

ペイン，ケン (2008)（髙橋靖直 訳）『ベストプロフェッサー』玉川大学出版部

堀公俊 (2008)『ワークショップ入門』日本経済新聞出版社

山本志都、石黒武人、Milton Bennett、岡部大祐 (2022)『異文化コミュニケーション・トレーニング』三修社

米井隆、岩元宏輔、森格、蔵田浩編著 (2021)『テクニックに走らないファシリテーション―話し合いがうまく進む 2 つのセンスと 3 つのスタンス』産業能率大学出版部

Hogan, C. (2007). *Facilitating multicultural groups: A practical guide*. Kogan Page.

Howe, W. A. & Lisi, P. L. (2017). *Becoming a multicultural educator: Developing awareness, gaining skills, and taking action*. Sage Publications.

Hunter, D. (1994). *The art of facilitation: The essentials for leading great meetings and creating group synergy*. Random House.

Kolb, D. A. (1984). *Experiential learning: Experience as the source of learning and development*. Englewood Cliffs, NJ: Prentice-Hall.

Kolb, J. A. (2014). *Small group facilitation: Improving process and performance in groups and teams*. HRD Press.

McAllister, K. A. L. (2021). *Beyond the lecture: Interacting with students and shaping the classroom dynamic*. Rowman & Littlefield.

Mitchell, N. & Pearson, J. (2012). *Inquiring in the classroom: Asking the questions that matter about teaching and learning*. Bloomsbury.

Ryan, J. (2013). *Cross-cultural teaching and learning for home and international students: Internationalisation of pedagogy and curriculum in higher education*. Routledge.

Zeegers, Y. & Elliott, K. (2019). "Who's asking the questions in classrooms?" Exploring teacher practice and student engagement in generating engaging and intellectually challenging questions. *Pedagogies: An International Journal*. 14(1), pp.17-32.

第8章
多文化環境での
協同学習ファシリテーション座談会

参加メンバー：秋庭　裕子、太田　浩、川平　英里、中井　俊樹、平井　達也
聞き手：米澤　由香子

　本書の執筆者のうち6名が集まり、多文化環境における学びのファシリテーションを論題に座談会の形で対話をおこないました。本章では、その対話の模様をトピックごとにまとめています。

座談会開催日：2022年12月某日

8.1　ファシリテーターの経験

米澤　皆さんが普段の授業でファシリテーションをする時に意識していることはありますか？　授業を担当し始めた頃の経験から思い出してみてください。

太田　私が大学で授業をするようになった最初の頃は、「教える」ということを強く意識しすぎていました。全部自分で用意して、話して、どんな質問が飛んできても全部自分で答えなければいけないと思い込み、自分で授業を完結させようとしていました。しかし、よく考えてみると、教員は教えるというより学生の学びを促進し、サポートすることのほうが大事なので、もっと学生の目線で授業を考えなければいけないとやがて気づきました。良い授業は、むしろ学生にたくさんしゃべってもらうぐらいのほうがうまくいきます。教員が全部説明するのではなく、どんな質問を学生に投げかけるとよいかとか、どんなトピックでディスカッションをしてもらったらよいかということのほうが大切だと思います。

中井　授業でのパワーポイントの活用も影響していると思います。パワーポイ

ントのスライドには、情報をたくさん入れられますから。昔は板書だったので、黒板に書ける情報はかぎられていました。パワーポイントはいくらでも情報を加えられ、作成した教員もそれらをすべて話したくなります。どれだけ自分を抑制するのかがポイントなのかなと思います。教員からたくさん言われても学生は吸収できないですから。それって、ウィギンズとマクタイが指摘する「双子の過ち」❶と対応します。「双子の過ち」の一つは「網羅主義」です。教員が学習内容の網羅を目指すことによって起こる問題です。参考までに、もう一つは「活動主義」で、活動は豊富だけど、学習につながっていないという問題です。どちらも授業設計の問題で、学生の目線で丁寧に目標をつくってないから起こりうる問題です。

平井　私も大学院の時に協同学習に関する授業を受けたのですが、その授業では次々とグループワークをするんですね。しかし、それぞれのワークをおこなう理由と目的についての説明があまりなくて、やっていて楽しいけれど、これは何のためにやるのかが意識できないから、残らないんです。その経験から、自分が教員としてやる時は、授業の目的とワークとのつながり、およびワーク後の振り返りを意識して実践するようにしています。アクティブラーニングが盛んになってきて、いろいろ動いてしゃべっているからやった気になっていますが、学生が学んでいるかどうかをちゃんと意識しないといけないですね。

米澤　学ぶ目的を学生に伝えることや、実際に学んだかどうかを確認する振り返りは、どれくらいおこなっていますか？

平井　私は授業の中にワークを三つぐらい入れることが多いですが、それぞれ小さい学習目標があって、細分化されています。そして、それぞれの学習目標に関連した講義を少しして、その内容に関するワークをして、振り返る。こういう構造をいくつかつくって、最後に全体の振り返りをするということが多いです。

中井　授業での学習目標に加えて、ファシリテーションに慣れてもらうことも目標になりえます。特に１年生対象の授業だと、まず自分から発言できるとか、人の話をしっかりと聞くとか、そういういったことも念頭に入

れながら、授業の全体像を考えています。

米澤　シラバスの学習目標にはそういった学び方に関する活動の目標も書いていますか？

平井　私が所属している教育センターが実施する授業は、ジェネリックスキルやメタスキルを学習目標の中心に置く授業も多く、その場合シラバスにも学習目標として明示しています。私が担当しているキャリアデザインの授業では、自分が何に興味をもっていて、それにもとづいてどのような職業やライフスタイルを選択するかということを考えるので、いわゆる「知識」としてのコンテンツを中心に教える授業とは違います。例えば、小グループで自分にとってターニングポイントになった人生経験について話し、聞き手はその人の話を傾聴して、その人の中心的な興味や価値観をフィードバックすることで、話し手は自分の、聞き手は相手の興味や価値観を自ら発見し、メタ的な視点から理解できるようにデザインされています。

秋庭　大学のミッションとして、そのような授業設計が奨励されているのでしょうか。

平井　そうですね、教育センターが実施している授業は比較的ジェネリックスキル寄りのものが多いのですが、授業の目的によるかなとは思います。ただ大学全体としては、知識の部分とスキルや態度の部分を4年間でどのように身につけていくかは意識していると思います。

中井　昔は大学教育では専門知識のほうにかなり重点がありましたが、今は比較的ジェネリックスキルなどの幅広い能力が注目されています。最近の大学院では「トランスファラブルスキル」という言葉をよく使います。専門分野の知識から幅広い能力の育成という流れをカリキュラムにどう反映するのかが重要だと思います。

8.2　ファシリテーションのできる TA を育てる

米澤　TA（ティーチング・アシスタント）などの授業支援者を協同学習のファシリテーターとして活用している例があれば教えてください。

中井　私はあえて、私と違う意見を言ってくださいとTAにお願いしたこと
　　　はあります。教員の発言が唯一の答えだというようにしないために、
　　　TAの立場で教員と違う意見を言ってもらうと議論しやすいし、学生
　　　も聞いていて自分の言いたいことが言えるようになるのではと思いま
　　　す。また、答えが複数あることや答えが文脈によって異なるという相対
　　　主義的な考え方を学生が身につけることも課題かなと思います。
　　　　最近では「指導補助者」という制度ができました。指導補助者には1
　　　回の授業も任せることができるようになりました。ティーチングフェ
　　　ローやグラジュエイトスチューデントインストラクターなどの名称で多
　　　くの大学において導入されています。指導補助者になるにはそのための
　　　研修も用意され、将来に向けたキャリア開発としても位置づけられてい
　　　ます。

米澤　指導補助者という役割をもっと活かすために、今、何か足りていないも
　　　のはありますか?

中井　指導教員の価値観もあるのではないでしょうか。学生に任せたくない、
　　　自分がやりたいと考える教員も少なくないようです。任せるほうが時間
　　　もかかることもあります。

川平　学生自身がTAをどう捉えているかというのも、仕事の範囲や働き方
　　　に影響を与えるのではと思います。私自身もTAをやっていて最初は
　　　迷うこともありましたが、「じゃあ、ここでファシリテーターになって
　　　みて」とか、学習の場で「TAさんと一緒に考えなさい」と先生に任さ
　　　れたりしながら、どこまでTAとして働けるか見極めていくプロセス
　　　がありました。結局、先生とTAでその都度、このあたりまではTA
　　　の仕事かどうか、というようなコミュニケーションをずっと取りなが
　　　ら、お互いにやり方を見つけていくことを自然にやっています。

秋庭　私は留学時代に日本語の授業のTAをしていたのですが、日本語のテ
　　　ストを採点するだけではなく、専任教員がつくった教案を見ながら、そ
　　　の先生の授業観察をおこない、同じ教案を使って授業をすることが主な
　　　業務でした。当時、日本の大学でのTAのイメージは、出席管理、採
　　　点といった補助的な役割だったので、その違いにびっくりしました。

　TA として授業をおこなう際には、教案を参考にしながら、自分で授業をファシリテーションするという楽しさも味わいました。教案を見ながら、授業前後に専任教員とコミュニケーションを取っていたからできたと思います。

平井　私の大学では 、いわゆる教員の補助のところは講義 TA といって、資料の印刷や出欠確認などが主で、グループワークの補助に少し入ったとしても、基本は先生が主導します。一方、初年次科目においてより積極的に授業をサポートする「初年次 TA」は、教案や授業の内容は教員がつくりますが、その授業の一部（特に小グループでの話し合いの部分）は初年次 TA に主導してもらっています。授業内容も、毎週おこなわれる教員と TA の話し合いによって変更する部分もあります。授業の進め方を最初からすべてカチッと決めない先生もいて、そうすると TA にやってもらう範囲や方法について、きっと先生にも発見があると思うんですよね。教員にとっても、TA である学生の力を目の当たりにして、学生を信頼できるようになっていく機会になるのかなと思います。

米澤　授業内外で教員とのコミュニケーションがどれぐらい取れるかがカギなんですね。

川平　そうだと思います。私の場合、指導教員の授業の TA をしているのでコミュニケーションを取りやすいですが、必ずしもそういうケースだけではないです。はじめてお会いする先生の TA だと、その先生が何をどう教えるのか、何を大事にされているのかが最初はわかりません。自分から自発的に先生にアプローチできればいいのですが、やはり先生からある程度、TA に期待していること、クラスでのファシリテーションについて伝えてもらえたらいいですね。

8.3　多文化協同学習で心理的安全性を築く

米澤　授業ではグラウンドルールは設定していますか？その場合、どのようにつくっていますか？

中井　私はあまりネガティブなルールは課さずにポジティブな表現にしていま

す。「〇〇しない」ではなく、「〇〇しよう」とするほうが多いです。ルールのつくり方の工夫もあるのかなと思います。ネガティブな言葉って、心理的安全性とはちょっと遠いような気がするんです。できるだけ言葉をポジティブにしていくことを意識しています。

米澤　実際に使われているルールの例はありますか？

中井　「互いに名前で呼び合って議論する」「自分と異なる意見も尊重する」などのルールを入れています。

米澤　「ほかの人の話を遮ってはならない」じゃなく、「相手の意見を最後まで聞きましょう」とか。

中井　はい。そういうできるだけポジティブな言葉に変換するのがよいのかなと思います。

米澤　グラウンドルールは、最初からシラバスに書く場合と、授業の最初の段階でつくる場合と、中盤でつくる場合、そして、誰がつくるのかなど、やり方はいろいろありますね。

中井　教員がドラフトをつくって学生に確認するという方法もあります。どう、これ全員守れそうですか？　守れないところがあれば修正するよ、みたいなプロセスを入れるだけでも一方的にならないから大きく違うと思いますね。

秋庭　学期の中盤以降に、学期初めに作成したグラウンドルール自体を見直すことも大切だと思います。グラウンドルールの中でできるようになったこともあるため、学生同士でルールを見直すのもワークの一つになりえます。

平井　小グループでグループワークする時に、結構、自分の体験を自己開示する機会が多いので、そうすると他者からどう思われるのか気になるという学生がいます。だから、最初のほうは、自己紹介をした後で、相手のことでこういうところがいいなと思ったところを伝えてみましょう、といった簡単なポジティブフィードバックを入れて、メンバーが少しずつ安心できるような工夫を入れています。傾聴やリスニングスキルであれば、スキルの要素を四つぐらいに分けて、簡単なものから複雑なものまで段階を追って実際にペアで練習させ、その後相手がその四つの傾聴ス

キルについてどれくらいできていたと思うかをフィードバックすること
で、自分の聴き方を自覚してもらうワークもやります。もう少し深いポ
ジティブフィードバックになると、相手のストーリーをじっくり聞い
て、そこから見えてくるその人の強みを伝え合うことで、お互い嬉し
かったり、ほっとしたりする、ということを体験してもらいます。
フィードバックをする側は自分が言ったことが相手の勇気づけになるこ
とを体験してもらうようなワークを入れています。ネガティブなことを
言っちゃだめだというわけではないですが、やはりサポーティブな雰囲
気で話ができるように、そういう教育的工夫を意識的に入れています。

米澤　ポジティブフィードバックが自然とできるかどうかは、結構文化によっ
て異なる気がしますが、そのあたり何かご経験はありますか？

平井　何か言ってもらった時の反応が、「ああ、ありがとう」と言う人もいれ
ば、「いやいや、そんなたいしたことないですよ」みたいな人もいて、
そこはたしかに文化的な違いはあるとは思います。ただ、本当に嫌がっ
ているのかっていうと、そうでもなくて、照れているとか、どういうふ
うに反応していいか慣れてない方が多いですね。

米澤　そこはあえて、「ありがとう」って言う人と、「いやいや」と謙遜する人
がいるということを示すことが大事ですね。いろいろ出てくる反応を見
て、これも多様性の一つなので、そういう中での心理的安全性について
考えましょう、というわけですか？

平井　そう、それは授業の最初の段階で教員からも言いますね。相手をほめる
こと、もしくはほめられることに慣れている人もいれば、慣れてなくて
緊張するとか、いろいろな反応があるかと思いますが、学生を見ている
と、何回かやっていくと慣れていったり、意味がわかってきたりするよ
うです。

8.4　協同学習でコンフリクトが生じた時のファシリテーション

米澤　心理的安全性についてもう少し続けます。授業は学びの場なので、仲よ
しグループでただほめ合うだけでなく、当然、反対意見や軌道修正を求

　　　める意見も出たりするでしょう。そういう中で協同学習を進めていけ
　　　ば、コンフリクトが生じる場面も出てくると思います。そのような時
　　　に、心理的安全性を確保したうえで学びを前に進めていくために気をつ
　　　けていることはありますか？

太田　私はグループワークをおこなう時に、最初は誰もが取り組みやすいト
　　　ピックを出します。グループワークを通して、お互いの考え方の違いや
　　　似ているところが理解できるようになるからです。そのためには、出て
　　　くる答えが大きく対立しないような、易しめのトピックが効果的だと思
　　　います。グループワークの活動そのものを重視して、一緒に何かをつく
　　　りながら、お互いを理解するということを重視します。

平井　私の大学では、日本人学生と留学生が半分半分で6名程度の小グループ
　　　をつくり、多文化協同について実践的に学ぶ授業があります。この授業
　　　では、学期の前半と後半に分けて、前半は多文化コミュニケーションの
　　　モデルやスキルを教えて、そのモデルやスキルを身につけられるような
　　　ワークを実施しています。学期の後半では、前半で学んだスキルを活用
　　　しながら、グループプロジェクトに取り組んでもらいます。前半に比べ
　　　て授業の構造度が低くなり、自由に話せて多様な意見が出やすいように
　　　しているので、意見の衝突やコンフリクトもある意味起こりやすくなり
　　　ます。その場合、グループが混乱期（第6章）となっても、「それはすご
　　　く大事なプロセスで、グループが発展していく時に通る段階であり、必
　　　ずしも『コンフリクト＝あなたたちのチームがうまくいっていない』わ
　　　けではないですよ」と伝えます。「そこでちゃんと本音で話し合えるよ
　　　うになると次の段階にいけますよ」と伝えて、コンフリクトの捉え方を
　　　講義で話すことはあります。また、コミュニケーションスタイルが、お
　　　互いにどう違うかわからないので、グループのメンバーがお互いに「自
　　　分はこういうコミュニケーションの仕方がやりやすい」というのを自己
　　　開示することでメンバー全員のコミュニケーションスタイルを可視化
　　　し、じゃあそれに配慮しながらどのようにコミュニケーションをしてい
　　　けば、メンバーみんながインクルーシブに話ができるかを考えてもらい
　　　ます。プロジェクトはどうしてもコンテンツというか、アイデアのとこ

ろに話がいきがちなので、それ以上に、お互いがどう動いて、尊重し合いながら進められるかというプロセスが実は大事だよということを定期的にリマインドし、学生たちが振り返りできるような機会を設けています。

中井　どこまでのコンフリクトが許容できるかは結構難しいところです。本当にだめになってしまうコンフリクトもあります。成長するコンフリクトかどうかのは結構見えにくいと思います。

川平　たしかにそうですね。学生の視点で言えば、その時どうにもならなかったコンフリクトすら、長い目で見たら学びだった、と捉えることもあります。私は留学していた時に、グループワークで人間関係が壊れてしまうような状態になり、とても傷つきました。その当時は、「何で先生は介入してくれなかったんだ」と思っていたんです。でもそれがとても心に残っているからこそ、その後の成長の基礎になる経験だったと今では思えます。成長するためのコンフリクトという視点で、もうちょっと時間軸を伸ばして考えると、また違ってくるのではと経験から感じています。

米澤　人は過去に意味づけをするので、後になってみればなんらかの意味があったと解釈はできますね。でも、教員としては、授業の中で学生が何かしら傷ついているのではと気づいた時にどう対応したらいいかということは、考えておかないといけないのではないでしょうか。

中井　やっぱり教員としてはできるだけ傷つく量は減らしてあげたいと思います。

太田　そこが私はとても悩むところで、コンフリクトの経験をしないと学生は学べないのではないかとも思っています。

中井　そうですね。どこかでガードレールみたいなのが必要で、これ以上いったらもう教員として止めるという支援が必要だと思います。

秋庭　大切な視点ですね。中野民夫先生も、ファシリテーションを中心としたワークショップでそのような支援の重要性について言及しています❷。

太田　コンフリクトの経験は考える機会でもあると思います。でも、それを許容できるレベル、前向きに捉えられるレベルというのは個々人で違うので、経験したことをよかったなと思う学生もいれば、あれからずっと落

ち込んでいますという学生もいます。教員として、そのコンフリクトの程度の見極めが難しいですね。また、グループワークの最中に起きた場合には、見つけにくい時もあります。

平井　そうですね。グループワークをやっている時に、教員がすべてのグループの様子を見られるわけではないので、TA にも、そういうことがあったらすぐ報告してくださいと伝えています。

米澤　例えばグループワークの中で、心理的安全性を築こうとする時間はどれぐらいとっていますか？

平井　1回かぎりのワークであれば、そんなに時間を使わないかもしれないですが、1か月や2か月一緒におこなう場合であれば丁寧にやりますね。例えば、最初の授業では、お互いを知り合えるアイスブレイクとグラウンドルールの設定に40〜60分くらい使い、その後2〜3週間は授業の冒頭に、15分くらいのアイスブレイクを入れています。そのグループで長期間一緒に活動をしていくので、やっぱり最初は丁寧にと心がけています。

米澤　グループワークの期限を伝えておくというのもいいですね。あなたのチームはずっと続く関係じゃないけどすぐ終わる関係でもなく、期間限定のチームとしてやっていくわけですから、と最初に伝えるのは大事ですね。

8.5　問いの種類と問いの意味

太田　私が難しいと感じる問いは、答えが明確でなくむしろ意見が分かれるような問いです。例えば、世界には高等教育のコストを政府、つまり税金で賄っていて、授業料が無償化されている国もあれば、高等教育のコストの多くを、それを受ける人が賄っていて、受益者が高額な授業料を支払う国もあります。その違いはどこから来ているのかというトピックでディスカッションをする時、私の狙いはどちらがよいかということではなく、その二つの制度、政策の違いにつながる背景や歴史的経緯、さらに高等教育に対する考え方がどう違うのか、ということを話し合っても

　　　らいたいのです。しかし、実際には、一方のほうが優れている、他方は間違っているという議論に流れていくことがあります。明確な答えがない問題だからこそ、ディスカッションする意味があると思うのですが、最初にその意図が学生に十分に伝わっていないと、うまくいかないことがあります。授業の最後に、「結局、正解は何だったのですか」と聞かれることもあります。「正解が何かということよりも問題の背景や文化の違いを理解することが重要です」と伝えるのですが、それに対して、「今日は何を学んだのかわからないな」という顔をされることもあります。

中井　本来、学問の本質的な問いは、答えが明確でないものばかりです。例えば、地球がどのように誕生したのかは、子どもが知りたいと関心を寄せる問いですが、研究者もこれまでの研究成果をふまえてより詳細に明らかにしたいと考える問いです。

太田　答えのない問いを出して、学生に考えてもらう時には、その問いをめぐる歴史、背景、文化の概略を話して、どちらが正しいか、間違っているかではなく、考え方、捉え方、アプローチの違いが影響していることを前提に議論を始めるよう、教員が指導する必要があると思います。「違い」を深掘りするための問いなのだという、こちらの意図を明確に伝えることが大事ですね。

米澤　問いをつくる時に、学生のこれまでの学び方の経験において多様性を感じたことはありませんか？例えば一問一答形式に慣れている人に対して答えがいくつもありうる問いを出すと、何から手をつけていいか戸惑うかもしれません。逆にさまざまな答えがありうるような問いを何度も経験してきた場合は、あまりに単純な問いだと拍子抜けしてしまったりする。

中井　段階もあるのではと思います。私はミネソタ大学でいろいろ授業を見学しましたが、そこでは本当に簡単な問いから始めていました。この場面には誰がいましたか、みたいな問いです。そんな、誰がいたかなんて誰でもわかるって思うんですが、多くの学生は積極的に答えようとしていました。スモールステップで少しずつ内容を高めていって、最後は難しい問いになりますが、はじめは相当ハードルを下げていました。

秋庭　小さな成功体験として、最初はハードルを下げておくのは大切ですね。学生にも安心感や共通理解を生み出すこともできます。こちらが簡単な質問だと思っていても、学生によっては知らない知識や内容かもしれないし、授業冒頭に学生の知識の理解度を把握することもできますね。

太田　発話したり、質問することについての文化の違いもあるかなと思います。誰でもわかるようなことでもあえて聞く。それぞれに聞いて、それぞれに発言してもらうことで授業の雰囲気がよくなることもありますね。

中井　簡単なことから始めれば、普段発言していない人も発言できます。そこで発言する習慣をつけてもらえます。

太田　そういう段階から始めると、この授業は講義形式の一方通行じゃなくて、対話形式の双方向でやりますよ、という学生へのメッセージにもなります。

川平　質問をするということは、寄り添う姿勢でもあるなと思っています。アクションラーニング❸という手法を学んだのですが、そこでは相手が課題に感じていることに対して、どんどん質問をしていきます。そうすると、課題について明確になっていくと同時に、質問してもらえることの喜びや私は興味をもたれているという安心感が生まれるなど、問い自体がもっているパワーみたいなものを感じます。それって、多様な背景をもつ学生同士の学び合いの中で、実はとても重要なファクターじゃないかと思います。聞いてくれたんだ、興味をもってくれてるんだ。そのような対話のなかで、じゃあ答えようかな、私も聞いてみようかな、と対話がつながっていくのではと思います。

中井　「問う」って、知らない人が知ってる人に聞くものだということではなくて、相手に関心をもっているということを伝えることにもなります。あなたはどう考えてるの？なんて、興味ない人には聞きません。問いは、相手に関心をもっていることを示せるし、相手の思考を刺激することもできるのです。

8.6　コミュニケーションスタイルの違いを知る

米澤　コミュニケーションの取り方には人それぞれに個性がある中で、教員と
　　　しては、クラス全体に対してどう協同学習をファシリテートして授業を
　　　方向づけていくか、というところのギャップに難しさを感じることもあ
　　　るのではないでしょうか？

中井　個人のコミュニケーションスタイルは尊重しましょうといっておいて、
　　　一方でコンピテンシーとかジェネリックスキルの文脈では、前向きで、
　　　積極的になりましょうとなり、葛藤が生じます。

平井　そうですね。と同時に、「アクティブ」にもいろいろありますよね。別
　　　に発話することだけがアクティブだということではないですし。

秋庭　その一方で、相手の話をきちんと聞くという、傾聴という行為は受け身
　　　ではなく、アクティブな行為で大切なんだという考えも最近注目されて
　　　います。発言することは、相手の話を聞くことが前提なんだよ。松下
　　　佳代先生の「ディープ・アクティブラーニング」❹や、ディアドルフがユ
　　　ネスコと共同で出した「ストーリー・サークル」というグループによる
　　　対話手法も傾聴の大切さを述べています（第 1 章参照）。同様に、教員そ
　　　して学生同士が聞く姿勢を育むのも大事ですね。

平井　授業をする先生が、「アクティブ」イコール「発話の量」と思ってしまう
　　　と、ある人には有利だけど、ほかの人には不利になります。そもそも、
　　　コミュニケーションスタイルに違いがあることにあまり気がついていな
　　　い先生も少なくないです。例えば、内向か外向なのか、タスク志向か関
　　　係性志向なのか。タスク志向の人にしてみれば、アイスブレイクはいい
　　　から早くディスカッションしてほしい、時間の無駄遣いをしないでほし
　　　いと思う一方、関係性志向の人からすると、いや、まずみんなで安心で
　　　きる場をつくらないと話し合いが深まらないでしょ、となります（第 6
　　　章参照）。でもその違いがあることを知らないと、何かコンフリクトが
　　　起きてもなぜそうなったのかわかりません。コミュニケーションスタイ
　　　ルの違いや枠組みを教員、もしくは学生自身がメタ知識としてわかるよ
　　　うにしておくことが大切だと思います。

中井　話をたくさんしてくれるけれど内容が深まらない、ということもあって難しいなと思うこともあります。

平井　例えば、一人がずっと話し続けていてほかの学生がなかなか発言できない時は、そのしゃべり続けている人をファシリテーターにするのも一つの方法かもしれません。または一人ずつ順に話してもらうこともできるだろうし、書記になってもらうというやり方もあるかもしれません。さまざまな方法で意図的な介入ができると思います。

米澤　役割やタスクを与えてみるというのは試したい手法ですね。

平井　そうですね。ほかにも、白い糸というアクティビティもあります。グループの輪の真ん中に糸車みたいなものを置いて、発話したら糸を1本取って、発言の数を可視化するんです。どんどん発言したい人は、あまりそれを自覚しないまま発言しがちです。そのため、このアクティビティをすると、たくさん発言をした後に、糸の多さ、つまり発言の多さに視覚的に気づくのですね。そして、ほかのメンバーをみると、あまり糸をもっていない学生、つまり発言が少なかった学生がいることに気づきます。このように自覚があると、変わっていくかもしれないですね。

川平　話せることを平等にもたせる工夫も、コミュニケーションにいい影響を与えると思います。日本語話者にとっては英語による授業はそもそも言語的にハンディがあります。英語で何か問われてすぐに回答できないこともありますよね。でも、自分もほかの学生と同じようにシェアできるネタがあれば、英語で書いて見せることもできます。それぞれが話すネタをもてれば、より自然にやりとりに参加することができるかもしれません。

米澤　外国語教育について複数の国の制度や実践を比較して考える私の授業では、アクティビティとして自身の外国語学習経験が自分にとってポジティブだったかネガティブだったかを時系列に沿って線で表してもらうんです。それを互いに見せ合うと、同じような経験でも違う捉え方があったりして、結構盛り上がります。そのアクティビティでは誰もがもつ経験が話の材料になるので、コミュニケーションもわりと均等になる感じです。

中井　ジグソー法❺と基本的には同じですね。例えば、豊臣秀吉を勉強しよう
　　　と思って、あなたは刀狩りを調べといてね、あなたは太閤検地を調べと
　　　いてといったように、役割を分けておいて、ほかの人が知らないことを
　　　学んできている状況から豊臣秀吉がどのような社会をつくりたかったの
　　　かの学習を始めるという方法ですね。

平井　それぞれのメンバーがもっている異なる情報を合わせないと全体像が見
　　　えないというふうに話し合いを設定すると、それぞれが大事な情報を
　　　知っているから、聞き合いますよね。

8.7　協同学習ファシリテーションの倫理

米澤　協同学習での倫理について、私たちは今のところ参照できるガイドライ
　　　ンをそれほどもっていないだけに、知りたいところです。

平井　そもそも、ファシリテーションの倫理って皆さんどこで学ぶんでしょ
　　　う。倫理というテーマがちゃんと取り上げられている研修は私も出たこ
　　　とないように思います。

中井　重要なのは、どこで学生が傷ついているかを知る方法です。それを教員
　　　がある程度コントロールできるのであれば、それを共有すべきだと思い
　　　ます。

平井　そこは見えにくいですね。倫理の問題が難しいのは、学生がダメージを
　　　負っているのかが教員にはわかりにくいという点です。

中井　例えば、恥ずかしい、という気持ちについても、どこまで恥ずかしい思い
　　　をさせたらよくて、どこからはだめなのかというのはわかりにくいです。

平井　そうですね。チャレンジと不快さの境目は、人によって違います。

中井　人によっては、大人数の前で話すことやほめられることが恥ずかしい
　　　し、嫌だってなるかもしれません。

平井　でも、教育的な意味で、あえてチャレンジをしてもらうとか、ちょっと
　　　心地良い状態ではないかもしれないけれど、快適ゾーンの外に出て体験
　　　してもらうためにやってみましょうと誘ってみることも考えられます
　　　ね。

中井　教員としては、最後は自分で自分の行為を説明できるかどうかにかかっていると思います。これをやった理由はこういうことなんだと説明できることが重要だと思います。

平井　学生さんにとってはたしかに、「今からやることは少し気持ち的に負担になる人もいるかもしれないけど、それはこういう意図で、こういうことを願ってやるので、もしよかったらトライしてみてください」という一言が冒頭にあるか、それとも何も説明がなく、「はい、これやってください」と言われて、「うわ、しんどいな」と学生が思うのかで、学び方は随分変わるでしょうね。そうであれば、負荷がかかることはなるべく避けましょう、ということではなく、どう説明したら学生にそれを学びの機会と思ってもらえるか、そこに教員からどのように関わることができるかというところがファシリテーションの倫理を考える時に大事な気がします。

注

❶ 教員が指導する際に陥りやすい二つの失敗。ウィギンズとマクタイが提唱した授業方法の課題。教員が学習内容の網羅を目指すことによって学生が学習目標に達しないという失敗と教員が活動を重視することによって学生が学習目標に達しないという失敗から構成されています。

❷ 中野民夫（2001）『ワークショップ—新しい学びと創造の場』岩波新書

❸ 現実の課題に対して、グループでの話し合いを通して、解決策を考え、実行し、振り返りをおこなうことで、そのグループの個人だけでなく組織の学習能力を向上させる学習手法。

❹ 松下佳代編著（2015）『ディープ・アクティブラーニング』勁草書房

❺ メンバーごとに担当を決めて教え合う技法。ピースをあわせて全体を完成させるジグソーパズルが用語の由来。例えば、学習内容を3分割し、それぞれを3人グループの1人が受けもちます。そして、同じ学習内容を担当するメンバーでエキスパートグループをつくり学習します。各エキスパートグループでの学習成果をもとのグループにもち寄って、お互いに内容を教え合います。グループ内で自分のみが専門家になるため、ほかのメンバーに教える責任が生じる点が特徴です。

第2部

組織で取り組む

多文化学習環境のデザイン

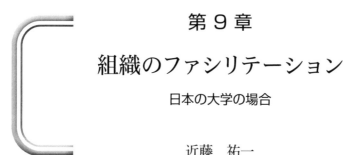

第 9 章

組織のファシリテーション

日本の大学の場合

近藤　祐一

はじめに

　国内外の社会状況の変化に伴い、日本の大学を取り巻く状況も急激に変化を
しています。大学は、学究という方法論を使い、有為な知識や視点を社会に提
供するだけでなく、それらを獲得した学生を社会に送り出すことで、社会を良
い方向へ変化させる社会的な機関です。そして、変化する社会に常に関わりを
もち、日本社会のみならずグローバルな変化に対応し続けることが求められま
す。大学は、そのような社会の変化を感じながら、社会に対して価値を生み出
しています。コロナ禍、世界の分断、AI の進化、さらに Z 世代に代表される
価値観の変化など、今大学は学生への教育の場や教職員の大学運営の場におい
てこれまでとは違う方法論を求められるとも考えられます。そこで、本章で
は、本書の主要テーマであるファシリテーションという観点から大学の運営や
教育について考察します。

9.1　授業運営の形としてのファシリテーション

9.1.1　変化し続ける大学教育の現場

　大学のこれまでの授業は、多くの場合、知識を教員から学生へ与えるもので
あり、「教える」ことに力点が置かれていました。しかしながら、昨今の社会状
況を考えると、この大学における「教える」モード自体に変化が必要だとされて
います。これは第一に歴史的に大学教育が一部のエリートにのみ与えられた時
代から大量入学時代へと移行したこと、さらには現在問題となっているような

全国の入学定員が大学進学を希望する高校生数よりも多くなるという全入時代に突入していることも背景にあります。このため、教員の役割や大学生の学習者としての特徴が大きく変化しています（島田, 2012）。中央教育審議会においても、平成20年に「今なぜ学士課程教育か」(2008)と題される答申が出され、全入の時代をユニバーサル段階と呼んでいます。つまり、今の日本の大学は全入の時代に入っており、教育手法の変更や教員の意識の変化も求められています。現在ほとんどの大学教員は、エリート型の教育手法、または大量入学時代に教育されており、その時に受けた講義型の授業、知識提供型の授業を現代の学生に対してもおこなってきました。しかし、先述した社会状況を考えると、自分たちの知っている教育方法を変化させる必要が今あることは、社会や学生のニーズに対応するためにも、そして、大学自体の存続のためにも明らかです。

9.1.2　多様な教育方法

　前述の島田 (2012) によると、教員と学生の関わり方は大学がエリート教育機関である場合とそうではない場合によって変更する必要があると述べられています。また、中央教育審議会の会議資料などを見ると、これまでの講義型の授業に加えアクティブラーニングといった教授法の必要性が述べられています。この教授法は PBL (Project Based Learning の略：プロジェクト型学習)、小グループ討議、ケーススタディ、ロールプレイなどを含むものになります。特徴としては、これまでの教員から多数の学生に対する一方通行型の情報伝達ではなく、教員と学生とのコミュニケーションや学生同士の討議のプロセスから学びを生み出していくという方法です。また、学び合う対象者は、大学の中だけには留まらず、学ぼうとする知識に関わる対象者（例えば、難民問題であれば、実際の難民である当事者や、難民を受け入れるコミュニティーの人たち）との間での知識や体験を共有するためのコミュニケーション実践も含まれます。

9.1.3　アクティブラーニングの要

　新しい教授法としてのアクティブラーニングの提言は各方面から出ており、キャリア教育という面で厚生労働省 (2016) からも教科書として出版されています。このように多くの場で話題となっているアクティブラーニングですが、ど

のように討議を中心とした教授法が考えられてきたかについては言及されていないことが多いと思います。歴史を辿れば、古代ギリシャやローマにおける対話形式の学問修得や、「大学」の原型であった学びの場でヨーロッパ中から集まった学生が議論し合うことで学び合っていたことが歴史的に知られています。

　このような伝統的な教授法は、近代になりアメリカで社会科学の一分野で研究され始めました。コミュニケーション学者のボーマン（Bormann, 1985）は、アメリカ社会が個人を中心とした農業社会から工業社会に変化し始めた1940年代前半に、グループでの活動やグループでの意思決定のプロセスにおいてメンバー間で言語活動（討議）をすることが必要になることが多くなってきたことが、グループコミュニケーション研究の始まりの一つではないかと考えました。そこにわれわれの行動を「科学的に」研究するという流れが加わり、かつデューイに代表される実用的教育（Pragmatic Education）、さらにはレヴィン（Lewin, 1947）によるグループダイナミクスの研究などがアクティブラーニングの中核である「グループ討議」の重要性や重要な要素を明らかにしてきました。この一連の流れで要とされるのが、自由な発言とグループメンバー間の公平性で代表される「民主制」です。元来、アメリカの社会科学者たちは討議を民主主義社会で必要な市民を育成するための道具として捉えていました。言い換えれば、大学の授業でおこなわれるグループ討議は、その学問領域についてさらに知見を広げることを目的とするだけではなく、それを在学中に何度も繰り返すことで、民主主義社会の市民として教育することを目的としているのです。

9.1.4　教育現場でのファシリテーションの必要性

　以上のことから、これまで日本の大学でおこなわれてきた伝統的な講義形式の授業形態がこれからの学生の特徴や時代に合致し、かつ市民教育の役割を果たしていくのは非常に難しいと考えられます。そのため、代替の方法として、学生の学びに中心を置いたアクティブラーニングの導入が急がれなければなりません。ただし、PBL を導入したり、グループ討議の機会を増やすことだけで学びが担保されるわけではありません。そこには教育的な介入、つまりファシリテーションが不可欠です。コミュニケーション理論では、私たちのコミュニケーションは自身が努力、または外からの介入がないかぎりコミュニケー

ションが無秩序になる（エントロピーが起きる）と言われています（Shannon & Weaver, 1949）。また、グループ討議が民主的な状況でおこなわれないと学びが起きないことからも、そういった場を創造・維持する役割をもつ特定の人（ファシリテーター）が必要となります。ファシリテーターが不在の場合は、グループ全員がそのような場をつくり上げるための、ファシリテーティング・スキルをもつ必要が出てきます。

9.1.5　教育現場でのファシリテーションによって起きる学び

　ファシリテーションが必要とされるアクティブラーニングでは、学習者中心の学びが展開されます。ファシリテーターの役割には、エントロピーを防ぎ、民主的な討議の場を担保することがあります。同時に、学習者のもつこれまでの先入観・知識・経験にほかの参加者の先入観・知識・経験をぶつけ、そこから新しい知見を導く補助をすることも役割の一つです。このようなほかの学習者との知的なコミュニケーション行動によって、これまでの自分の枠組みと違うものを獲得する、言い換えると既成概念から自由になる、今まで自分を縛ってきた学問領域から自由になることになるという、リベラルアーツ教育がおこなわれます。また、メンバーの異なる経験や知識を共有し、それを討議することによってデューイの言う振り返りによる学び（reflective learning）が可能となり、さらに深い学びが起こります。繰り返しになりますが、このような深い学びに加えて、民主的に話し合い、互いの立場を尊重し合おうとするコミュニケーション活動は、教育としてだけではなく、民主主義社会の市民になるための訓練として重要なポイントです。そして、大学としてそのような人材を育成することも急務の課題だといえます。

9.1.6　大学の学びにおけるファシリテーターの育成

　近い将来、大学（特に学士課程）においてはアクティブラーニング等の新しい教授法がこれまでの講義方法に取って代わる、または新しい授業方法のレパートリとして加わることとなるでしょう。ただ、ここにはいくつかの問題を含みます。一つは、現在の一般の授業は受講人数が多く、一人の教員がファシリテーションをすることは不可能に近いことです。学生・教員比の問題は如何と

もできない部分があるため、代わりに学生 TA や学生自身にファシリテーションの知識・スキルを身につけさせることによって、それぞれのグループ内での討議を学びの場にするようにすることができます（第4章参照）。例えば、立命館アジア太平洋大学では、初年次科目「グローバルリーダシップの基礎」など複数の科目の中にファシリテーションを学ぶ機会を意図的に学生に与え、彼らが教室の中や、課外活動の中でそれを活用できるようにしています。

　二つ目には教員の再教育（Faculty Development、以下 FD）を大学としてどのように推進するのかを考える必要があります。授業運営の中心を「教える」から「学生の学び」に移すことにより、これまでそれぞれの授業で設定されてきた学びの目標、課題内容、評価方法、特に教員の役割なども変化させる必要があります。アメリカではフィンク（Fink, 2013）等による科学的な調査結果にもとづいた教授法の開発と導入が進んでおり、大学の「学び」の積極的な改革が進んでいます。これらを参考にしながら教員が「教える」から「学びを介助する」役割を果たせるために軸足を移すための FD が必要です。

9.1.7　学びを主体にした教育を中心に

　DX や AI などが話題となり、これまで人間の社会活動に必要だった作業が代替可能となり、ソフトスキルや人間のみができる知的・情的活動の必要性がさらに注目されています。Z 世代の学生についてもこれまでの世代と違い、学びに対するサポートや社会に応用ができる学びへの訴求が高まっています（The Chronicle of Higher Education, 2019）。今ほど大学において、ファシリテーションを基本とした「学びかたを学ぶ」教育が求められている時代はないのではないでしょうか。そのためには、教員も自身の授業方法を再考し、学習者の学びを主体とした授業をどう展開したらいいのか、検討する必要があります。そのためには、教員個人の動機だけではなく、学びを中心とした教授法に対する大学全体としての理解や戦略も不可欠です。

9.2　大学運営の形としてのファシリテーション

　大学教育の方法論とともに、時代の変化に伴い大学運営についてもファシリ

テーションの発想を伴った変革が求められています。本節では、大学全体の運営面、リーダーシップという側面から、大学の組織のファシリテーションについて考察します。

9.2.1　変化し続ける大学の現場

　近年日本の大学を取り巻く状況は急激に変化しています。少子化により多くの大学で定員充足が困難になり、前節でも述べた国際情勢、科学技術の発展による社会からの大学教育に対する期待の変化、諸外国の大学との間での研究のみならず、教育の質においてグローバル競争力不足など多くの課題に直面しています。さらに、大学の内部においても、教職員における女性比率の増加、外国籍の教職員の増加など、伝統的な画一的な大学構成員での運営は時代にそぐわない状況となりました。またAIによる業務の変化やコロナ禍によって得られた新しい教授法の進化の発達も見逃すことができません。学生に最大の学びを与えるとともに、大学として経営を成り立たせるという難しいバランスを取り続ける必要があります。

　ビジネスの世界では近年VUCA（Volatility, Uncertainty, Complexity, Ambiguityの略語）という概念が扱われています。大きく、複雑に、不確実に変動する曖昧模糊とした社会情勢に対してどのように機関が対応するべきかという概念で、どのような社会変化が起きるのかについて多くのシナリオ（場面）を想定して、それに対して準備をしていくというものです。まず最初に、この多くのシナリオを想定する作業は多角的な視点が必要であり、これまでのように伝統的なパラダイムに染まった意思決定者だけが少数でそれをおこなうのでは不十分なのではないかと思われます。

　さらに少数の意思決定者が上位下達型で、これまでにない多様な教職員に一方的な指示を出していく従来型のやり方を続けることで、構成員の機関への信頼、所属意識、労働への動機などが保てるのかどうかは甚だ疑問が残ります。教職協働という方法も試みがなされています。しかしながら、大学にはほかの多様なステークホルダーが強く関わっています。つまり、学生、卒業生、地域の成員など、それぞれの立場の多様な構成員全員が、民主的な意思決定にもとづいて、対話を重ねて、大学の運営や断続的な組織改革をおこなう土壌が必要

になってくるのではないでしょうか。ただし、これまでの権威主義的な意思決定方式から民主的な方法へ移行するには多くの課題がありますし、時間を要します。ここでは、民主的な考えを普及させると考えられている討議とファシリテーションを大学の組織としての一つの解決策として提示しようと思います。

9.2.2　DEI とファシリテーション

　まず DEI（Diversity, Equity, and Inclusion の略）という側面から考えてみます。近年、日本国内でも組織の多様性が拡大するように求められてきました。男性に対して女性の教職員数や、マネジメントにおける女性の数、教職員に外国人を採用するという多様性を数的に示すという考えです（Kakuchi, 2023）。第 1 段階としては、数を設定する必要であったとは思いますが、既にその時代は過ぎてしまったと思われます。現在では DEI、つまり公平性（Equity）のもとにすべての多様な成員（Diversity）を包摂する（Inclusion）大学運営を訴求する必要があります。形だけの多様性から、本質的な DEI に移行するのは多くの困難があります。ただ、本来あるべき民主的な組織運営をするのであれば、乗り越えなければならないハードルです。この移行プロセスの中で重要であるのは、多様な背景をもつ参加者全員が公平で自由な発言が担保されるグループ討議です。職位や地位の差があり、そこからくる発言の頻度や内容に対する制限が暗黙のうちに存在したこれまでの大学組織においては、まず討議の場の公平性と自由な発言を担保する役割をもつファシリテーター的役割をもつ人材を配置する必要があるのではないでしょうか。ここでのファシリテーターの役割は生産的な討議を引き起こすための環境づくりをすることが第一となります。本来のファシリテーターの役割である、ほかのメンバーの発言から自分の考えを振り返りお互いに学び合うプロセスを介助するという段階は、まず公平で自由という民主的な環境をつくることができてからのものになるかもしれません。このような役割をもつファシリテーターは組織文化の変革を担う人材として重要な役割をもつでしょうし、専門的なトレーニングを受けた人材を当初外部の専門家も含めて重点的に配置することも必要となるのではないでしょうか。

9.2.3　組織の凝集性とグループ討議

　民主的な討議はただ DEI を達成するだけのものではありません。第2次世界大戦を契機として発達した社会心理学やコミュニケーション論では、組織やグループがどのようにまとまっていくのか、そして生産的になれるのかを研究してきました (Lewin, 1947; Bales, 1950)。その後、組織心理学、教育、コミュニケーションの分野で研究が継続され発展していきました。これらの研究から、グループメンバー間の言語的なやりとりがメンバーのグループへの帰属意識やグループ作業への参画度を高めていくことがわかっています (Bormann, 1985)。ただ、グループ討議によって見られる正の効果とそれをもたらす言語活動は必ずしも自然発生的に生じるものではありません。特に DEI 等に配慮したグループ討議をこれまでおこなってきた経験者が少ない場合は、ファシリテーターが意図的な介入をし、グループ討議を円滑に運営する必要があります。

　ここでグループ討議の司会、リーダー、ファシリテーターは何が違うのかを明確にする必要があります。グループリーダーや司会は、あくまでも討議グループの一員であり、自分の意見や価値観を討議にもち込んできます。最後になんらかの方向性や決定をしていく過程で、リーダーとしての意見を述べることもできます。いかに民主的なリーダーであっても、グループのメンバーに自分の考えを紹介し、それについて意見を述べたり、ほかの意見を批判したりすることは可能です。これに対して、ファシリテーターは、あくまでも中立で、発言の量の公平性を確保したり、グループのメンバーの意見を引き出し、意見の相違を整理したり、グループメンバーが感情的になったり、個人攻撃をしないように介入することが役割になります。

　組織における専門のファシリテーターの導入の可能性について前述しましたが、実際ファシリテーターをすべての討議に配置することは現実的ではないでしょう。理想の形としては、大学において討議に参加する多様な構成員全員がファシリテーター・マインドをもって討議に参加する、つまりグループのメンバー全員がファシリテーションの知識や民主的な話し合いの基本を身につけることが望ましいです。そうすることによって、討議を第三者的に俯瞰し、お互いに学び合い、組織にとって何が良いのかを十分に話し尽くすための討議をすることができます。そして、多様な背景をもった討議参加者が公平にかつ包括

的に討議に参加し、その場の力関係だけで決定が下されるということがなくなります。

9.2.4　ファシリテーションを組織改革のプロセスに活かす

　大学が多様性を梃子に変革をなすためには、これまでの阿吽の呼吸や前例を辿るという組織運営から脱する必要があります。そのためには、必然的に言語によるコミュニケーションが必要となってきます。たしかに民主的な話し合いは決定までに時間がかかることが多いと言われています。しかし、各自の意見が尊重され、決定への満足度が上がり、実際の行動に対しても当事者意識をもった行動が担保できることを考えると、民主的な意思決定プロセスに分があるのではないかと思います。

　これまで多様性のもとに文化背景やジェンダーなどに配慮した教職員の採用をどの職場もしてきました。このように意図的に増やされた多様性だけでなく、表面には出ないジェネレーションギャップ、LGBTQ+ といった見えない多様性についても意識をもつ必要があります。文化や価値観、論理構造の違いを無視するのではなく、その違いを強みにできるような討議ができるようなファシリテーションが望まれます。

9.2.5　ファシリテーションによる討議の意義

　近年、ファシリテーションというスキルの重要性について関心が高まり、多くの書籍で関連のスキルについて述べられたり、さまざまなファシリテーター養成講座が開かれたりしています。これは、多くの人々がこれまでの会議のための会議や、情報の一方通行伝達型の会議に意味を見いだしていないからかと思われます。またファシリテーションへの関心の高まりは同時に、多くの人がDEI に対する認識や価値を認めてきた、また必要性が高まったからだと言えるでしょう。

　ただ注意しなければならないのは、良いファシリテーターがいればすべてが解決するということではけっしてありません。討議に参加するメンバー自身が、公平性の基に自由に考えを共有し、お互いに学び合うということに意義があるのだという認識をもつ必要があります。多様性が高いグループの場合は、

特に最初共有する情報が少なかったり、言語であったり、価値観の相違などの要因で、困難が多く生じる可能性があります。しかし、その困難をリスクと捉えるのではなく、それだけ多くの異なる視点が討議にもち込まれ、それによって新しい視点が生まれてくることの利点が引き出されることに注目すべきです。そして、大学が組織としてそれを涵養する土壌を育み、共同体意識が高まり、変化し続ける社会に対応が断続的にできるようになることを目指すべきしょう。

9.2.6　大学のリーダーが必要とする発想の転換

　はじめに述べたように、今大学は大きな変革期に来ています。これまでの社会変化のスピードから考えると、文字通り加速度的に変化が起きていくでしょう。AI の分野では人間と AI が同じ、または AI が人間を超えるという段階を示すシンギュラリティが早晩起きると考えられています。そして、その時期は予想よりも早まっています（吉川, 2023）。

　大学はその時々に合わせて努力をし、変化を試みてきました。ただ、社会の変化の速度と大学の変化の速度は残念ながら合っていません。これ自体、学生への不利益、そして社会への不貢献であるとの批判を受けることになるのではないでしょうか。特に AI の発展によって、これまで大学が大量に送り出してきたホワイトカラーの業種において変化が大きく起こり、大学の教育が果たして必要なのかどうかについてさえ議論が出ることもあるでしょう。このような大変革の時に、大学のリーダーがかぎられた知識と経験で大学全体を変化させることは不可能です。それでは、どうしたらいいのでしょうか。まずは、当初述べたように、多様な構成員を巻き込み、多様性からくる違いを強みにできるネットワーク型の大学経営が必要なのではないでしょうか。ただ、ここにはコミュニケーションが必要なのは言を俟たないでしょう。このコミュニケーションが発生するにはお互いから学び合うことができる場をつくることが必要です。本書のテーマである、「ファシリテーションが取られた討議の場」をリーダーがどのように用意できるかが大学の存続に関わると言っても過言でないかもしれません。また、このようなコミュニケーションによる運営に学生をも巻き込むことによって、学生もまた民主的な話し合いの場をもつことができ、か

つ本格的な AI 時代に必要な人間的資質とも非認知能力とも言われる資質を獲得させる教育も含めることができるのではないでしょうか。AI 時代であるからこそ、それらの資質が必要であることは総務省 (2016) も初め、多くのビジネス雑誌 (例えば Flynn, 2023) で取り上げられています。一般的に権威主義的である日本の大学のリーダー、または大学執行部は、早くこのパラダイムの大変化に気づき、大きく大学の運営の方法を変える必要に迫られています。

おわりに

　この章では、特に大学組織におけるファシリテーションとして、教育方法としてのファシリテーション、大学運営としてのファシリテーションについて述べました。ファシリテーションという行動が用いられるコミュニケーションの場は、ここで述べたように民主主義社会を醸成し、発展させる方法論として提示されています。民主的な社会を構成する人材の育成、本章ではそのような人材を育成する機関としての大学の運営で、組織として民主的に対等に意見を出し合えるよう、ファシリテーションという手法をさらに導入する必要があるのではないかと考えます。これは大学のみならず、教育機関というものが、知識を授けるだけでなく、実際に民主的に考え行動できる人材を輩出し社会に貢献するために必要だからです。民主社会において教育機関の存在意義はそれが第一だと考えます。また、教育機関は民主社会を体現し、一般社会の見本とならなければならない組織であるべきです。それは経営的にも有用なだけではなく、学問だけでなく社会からも孤立した象牙の塔にならずに、社会の一部として作用するために必要だからです。そのためには、大学組織全体が、学生の学びが社会構成員として社会に還元できるような人材育成を目指すべく、ファシリテーションを活かした教育方法への転換を検討し、実践していくことが大切です。

参考文献

厚生労働省 (2016) 平成28年度講習テキスト及び参考資料. https://www.mhlw.go.jp/file/06-Seisakujouhou-11800000-Shokugyounouryokukaihatsukyoku/0000148395.pdf (2023 年 5 月 29

日閲覧）

島田博司（2012）『学びを共有する大学授業―ライフスキルの育成』玉川大学出版部

総務省（2016）「平成28年版情報通信白書」https://www.soumu.go.jp/johotsusintokei/whitepaper/h28.html（2023年5月29日閲覧）

中央教育審議会（2008）「今なぜ学士課程教育か」文部科学省

吉川和輝（2023）「AI、輪郭現すシンギュラリティー　大規模モデルの衝撃」日本経済新聞,1月4日

Bales, R. (1950). "A set of categories for the analysis of small group interaction." *American Sociological Review*, Vol. 15, pp. 257‒263.

Bormann, E. G. (1985). *The force of fantasy: Restoring the American dream*. Southern Illinois University Press.

Fink, L. D. (2013). *Creating significant learning experiences: An integrated approach to designing college courses* (Revised and updated edition). San Francisco: Jossey-Bass.

Flynn, M. (2023). *The soft skill "debate" is over*. Forbes. https://www.forbes.com/sites/mariaflynn/2023/05/30/the-soft-skills-debate-is-over/?sh=50fdfa787308（2023年5月29日閲覧）

Kakuchi, S. (2023). *Quotas for women in universities: One step towards equity*. University World News. June 17, 2023. https://www.universityworldnews.com/post.php?story=20230615151132720（2023年5月29日閲覧）

Lewin, K. (1947). Frontiers in Group Dynamics. *Human Relations*. https://doi.org/10.1177/001872674700100103（2023年5月29日閲覧）

Shannon, C. E., & Weaver, W. (1949). *The mathematical theory of communication*, University of Illinois Press.

The Chronicle of Higher Education (2019). *The new generation of students: How colleges can recruit, teach and serve Gen Z*. https://connect.chronicle.com/rs/931-EKA-218/images/NextGenStudents_ExecutiveSummary_v5%20_2019.pdf（2023年5月29日閲覧）

第 10 章

組織のファシリテーション

ミネソタ大学（アメリカ）の場合

マイケル・ゴー

> ミネソタ大学は、人は理解を通して人格者となりうるという信念のもと、学問の進歩と真理の探究に努め、若者の教育と国家の福祉に献身することを目的にここに設立する。

はじめに

　上記の碑文は、ミネソタ大学ミネアポリス・キャンパスのノースロープ講堂の正面に刻まれています。この一節は、同大学の現在のミッションステートメントにもなっています。このようなミッションステートメントは、アメリカのみならず、世界中の高等教育機関でも同様に見受けられます。学生に対する期待と希望、つまり、学生たちが今後世界と関わり、貢献することにつながる学びをファシリテートする大学教育の重要性が反映されています。しかし、私たちが住む世界は、ますます多様化し、社会的、政治的に複雑化しています。特に、アメリカの場合は、激しく分断しており、二極化している状況です。

　世界の多くの国や地域では、いまだに異文化間の抗争や国際紛争が起き、人種的・社会的不公正がはびこっています。これらの本質を考えると、現在そして未来の若い世代が、これらの壮大な課題にうまく対処するための意識、知識、スキル、意欲を習得できる場として、高等教育に寄せる期待の高さは容易に理解できます。そのため、大学の教職員は、正課内および課外活動の場において、こうした能力を育成するために重要な役割を担っています。本書の第1部では、教職員が教室やその他の教育的な場でおこなうファシリテーションの個々の活動に焦点を当ててきましたが、本章では、ミネソタ大学の事例から、

多様性、公平性、包摂性 (Diversity, Equity, and Inclusion. 以下、DEI) を革新的な方法で実現するために必要な組織のリーダーの役割と体系的なアプローチについて説明します。

　本章では、最初にアメリカにおける高等教育独自の背景について簡単に紹介します。次に、DEI の推進にあたり、組織レベルで多文化間学習をどのように促進すればいいのか、その足がかりとなる重要な枠組みやモデルについて説明します。そして最後に、アメリカ中西部に位置する大規模公立研究大学であるミネソタ大学が、DEI の取り組みをどのように制度化したのか、その道のりについて解説し、具体的な事例を取り上げます。

10.1　アメリカにおける高等教育

　日本の読者を意識して本章を執筆するにあたり、日本や世界の高等教育機関にとって有益な共通原則を導き出しつつも、まずはアメリカの高等教育特有の文脈を理解することが大切だと考えます。ケザールとポッセル (Kezar & Posselt, 2020) は、編著書『社会正義と公平性のための高等教育行政』(原文タイトル "*Higher education administration for social justice and equity*") の序文で、今日の社会的・政治的状況がいかに高等教育における公平性と社会正義に対する課題を生み出しているかについて言及しています。また、同書の前書きで、スタンバーグ (Sternberg) は次のように端的に述べています。「アメリカの高等教育は公平ではなく、アメリカが社会正義に向かうことを達成するのに役立っていません」(原文 p.xvii)。また、バンチ (Bunch, 2022) は、現実的ではないにせよ、より悲観的な見方をしており、本のタイトルでアメリカの高等教育の現状を表現しています。そのタイトルは、『象牙の塔が倒れた後：大学はいかにしてアメリカン・ドリームを壊し、政治を台無しにしたか。そして、いかにしてそれを修正するか』(原文タイトル "*After the ivory tower falls: How college broke the American dream and blew up our politics-and how to fix it*") です。要するに、アメリカの高等教育学の研究者は、今日の大学教育へのアクセスや経済的余裕の欠如、そして多くのキャンパスに蔓延する分裂や政治的対立という不安定な状況を嘆いているのです。

　このようなアメリカの高等教育の背景を詳細にわたって説明することは本章

の意図ではありません。しかしながら、ある程度アメリカの文脈を理解したうえで、多文化間学習をファシリテーションする目的は何なのか、そしてどこまでやるのかという問いを投げかけることが重要です。すべての高等教育機関は、多文化間学習をファシリテーションするための組織的なビジョンを推進するために、そのコミュニティ、地域、国の文脈を理解したうえで、この問いに答える必要があります。

10.2　多様性に関連した定義と理論的枠組み

　本書は文化的多様性を活かした教育ファシリテーションについて書かれたものですが、本章ではアメリカの事例から組織のファシリテーションを取り上げています。多様性といった場合に、アメリカと日本、そして世界では多様性の定義や理論的枠組みも多種多様であると言えるでしょう。そこで、本節では、アメリカの文脈からいくつかの定義を紹介します。

　多様性（Diversity）は、ミネソタ大学のすべての活動の基本であると言えます。ミネソタ大学では、以下の個人および集団にサービスを提供し、支援することが、教育機関としての責任であると考えます。つまり、有色人種、アメリカン・インディアン（歴史的に過小評価されてきたグループや新移民の人々を含む）、目に見える障がいや目に見えない障がいをもつ人々、女性、多様な性や性的アイデンティティをもつ人々、経済的に厳しい背景をもって大学に入った第一世代の学生たちです。また、学生が、宗教的表現、年齢、国籍、人種、退役軍人の経歴のためになんらかの困難に直面する可能性があった場合に備えて、そのような人々のアクセスや大学環境の課題にも取り組んでいます。また、ミネソタ大学は、大学に所属する学生、教職員を主な対象としたサービスを提供していますが、必要に応じて卒業生、地域社会の人々、ゲスト、大学の訪問者にも提供しています。

　公平性（Equity）とは、公正・正義のことであり、平等とは区別されています。つまり、平等とは、すべての人に同じものを提供することを意味するのに対し、公平性とは、高等教育コミュニティの構成員がすべて同じところから出発しているわけではないことを認識することであり、リーダーはこうした差異を

認め、それに対処するための調整をおこなわなければならないのです。公平性
を達成するプロセスは、しばしば流動的かつ継続的におこなうものであり、偏
見や制度的構造から生じる意図的・非意図的な障壁を特定し、克服する必要が
あります。

　包摂性 (Inclusion) とは、正課内カリキュラム、正課外活動、そして個人がつ
ながりうる（知的、社会的、文化的、地理的）コミュニティにある多様性に積極的、
意図的、継続的に関わることです。そうすることで、気づき、知識が増し、認
知的にも洗練され、制度と組織の中で個人がどう関わるのかという複雑な構造
にも理解を示すことができます（全米カレッジ＆大学協会のウェブサイトより）。

　グローバルコンピテンス (Global Competence) とは、グローバルな課題や異文
化の状況において、知識、スキル、態度、価値観をうまく組み合わせることを
必要とする多次元的な概念です。グローバルな課題とは、全人類に影響を与
え、現在および将来の世代にわたって影響を及ぼすものを指します。異文化の
状況とは、異なる文化的背景をもつと思われる人々との対面、バーチャル、ま
たは仲介による出会いを指します。

　高等教育機関が組織として、DEI 推進に向けて多文化間学習をファシリテー
トするためにさまざまな要素を取り入れるには、教育ならびに研修プログラム
が研究と実践から導き出された理論的枠組みによって裏づけされ、支えられて
いることが重要です。本章では、そのような既存の幅広いモデルを網羅的に概
観することはできませんが、関心のある方は、ミレムら (Milem & Antonio, 2005)
の「キャンパス環境の次元」(dimensions of campus climate)、ムーゼスら (Museus
et al., 2017) の「社会的行動、リーダーシップ、変革 (SALT) モデル」(social action,
leadership, and transformation (SALT) model)、ヘンダーソンら (Henderson et al., 2019)
の「エンパワーされた大学の概念」(notion of an empowered university) などのモ
デルを参考にされるといいでしょう。

　ジョージ・フロイド殺害事件と人種的正義に対する覚醒が世界的規模で起こっ
たのを受けて、全米高等教育多様性担当者協議会 (National Association of Diversity
Officers in Higher Education, 略称 NADOHE) は、対処するべき 10 の優先課題を示
し、人種差別反対主義の枠組みを発表しました。その優先課題とは、(1) 組織
構造、(2) 方針と手続き、(3) 資源配分、(4) 教育機会の公平性と学生の成功、

(5) カリキュラムと教育方法、(6) 雇用、雇用の継続、昇進、(7) 組織的なプログラミング、(8) 教育／研修／職能開発、(9) キャンパス風土／文化、(10) 入学とアクセス、です。

10.3　ミネソタ大学における DEI の取り組み

　これから紹介するアメリカの事例としてミネソタ大学の DEI の取り組みを説明する前に、まず同大学の歴史と重要な出来事について少し触れておこうと思います。ミネソタ大学は 1851 年に創立され、ミネソタ州内にクルックストン、ダルース、モリス、ロチェスター、そしてミネアポリスとセントポールからなるツインシティという五つのキャンパスを有しています。学生数は 50,000 人以上、教職員数は 20,000 人以上で構成されています。カーネギー高等教育機関分類❶によると、ミネソタ大学は、博士課程を有する、最高レベルの研究機関 (R1) に分類されています。

　本章の冒頭で、ミネソタ大学のミッションステートメントを既に紹介しました。私の個人的見解では、同大学は人種的正義と多文化間学習をファシリテーションするために、次の四つの取り組みを制度化していると考えます。(1) 組織の目的、(2) 組織のパラダイムと指針、(3) 組織のプログラミング、(4) 組織の連携、です。

10.3.1　組織の目的

　ミネソタ大学はこれまでも社会的に取り残された人々のニーズに対応してきましたが、2007 年に大変画期的な出来事がありました。当時のミネソタ大学副学長兼 D & E (Diversity and Equity) 担当副学長であったラスティ・バルセロ (Rusty Barcelo) 博士が、大学の教員、学生、職員の公平性と多様性に関する見識とビジョンをまとめ、多様性に関する全学的なタスクフォースを立ち上げ、「公平性と多様性の再構築：ミネソタ大学変革のための枠組み (Reimagining equity and diversity：A framework for transforming the University of Minnesota)」という文書を発表したことです (同文書は、以下のリンクからダウンロードできます：https://diversity. umn.edu/mission-vision-values)。同文書には、組織の変革を促進するための枠組み

と行動のステップが概説されています。また、統合的なビジョンと共同責任についても強調されており、インクルーシブな卓越性という壮大な目標を達成するためには、大学組織全体として学習をファシリテーションするべきであるという明確な働きかけとなりました。全学的なタスクフォースの結論は以下のように述べられています。

　　「世界トップ３の公立研究大学になるという目標を達成するためには、ミネソタ大学は、多様性を知的・社会的使命の中心に据えて、自らを変革するという挑戦を受け入れる覚悟が必要です。多様性と学問的卓越性は表裏一体です。よって、ミネソタ大学が、多様な人々とその多種多様なあり方、学習方法について包括的かつ複合的理解を推し進める世界的リーダーとなることができれば、その時はじめて成功したと言えるでしょう。」

　私が以前ミネソタ大学の管理職に在職していた時、大学の上級管理職、つまり学長や副学長、その他の上級管理職の地位にある人たちが、大学の目標を達成するために、こうした教育や研修の取り組みを明確に支持し、その意思を表明することが重要だと考えてきました。したがって、この文書を作成した当時のロバート・ブルーニンクス（Robert Bruininks）学長が、以下のように文書で言及したのも非常に意味のあることでした。

　　「今日、アクセスと多様性を重視する大学としての学風を創造するために、私たちの継続的なコミットメントほど重要な価値観はありません。私が信じているように、教育がこの社会で成功し、充実した日々を送るための鍵であるならば、あらゆる所得水準、あらゆる地域、あらゆる経歴をもつ才能ある人々が本学に居場所を見つけられるようにすることなくして、民主主義の理想を実現することはできません。…（略）…多様性は今後も本学の中心的な目標であり、多様性という広い視点から多大なエネルギーとパワーでこれからも本学を形づくっていくことでしょう。」

　組織の変革が効果を発揮するためには、大学の「トップからのひと声」が不可欠です。そうすることで、戦略的目標に向かって教職員や学生コミュニティ

が結集することが可能となります。最近では、エリック・ケイラー（Eric Kaler）学長がほとんどすべてのスピーチで、「多様性のある大学でなければ、優れた大学にはなれない」と一貫して繰り返し述べています。それゆえ、私がE＆D推進部（Office for Equity & Diversity, OED）の副学長だった時も、大学がもっとも野心的な目標を達成するためには、DEIが「全員の日常的業務」でなければならないと繰り返し伝えていました。

10.3.2　組織のパラダイムと指針

　前に紹介した17ページに及ぶ「公平性と多様性の再構築」という文書では、多様性を学問的卓越性の原動力として確立し、大学組織としての多様性へのコミットメントを明確にし、大学の基本的価値観、指針、優先事項を定め、この作業をどのように遂行するかを再構築するためのモデルを提案しています。図10.1は、多様性と卓越性に向けた大学の方針を逆ピラミッド型モデルで示したもので、同文書に掲載されています。

　このモデルは、「逆ピラミッドの底辺、つまり地域社会との関係を活用したアクセスから始まり、その後、組織の統合、協力、コミュニティ形成のプロセスを通じて、上へ上へと枝分かれし、戦略的ポジショニング（p.14）の四つの柱、即ち、卓越した学生、卓越した教職員、卓越した組織、卓越した変革のすべてにわたって、広範な卓越性を達成するものである（p.10）」と述べられています。もっとも注目すべきは、多様性が大学の学問的使命の中心であると位置づけられ、草の根から逆ピラミッドの上辺に至るまで、キャンパスを構成するさまざまな立場の人々による広範かつ幅広い参加を募っていることです。

10.3.3　組織のプログラミング

　ミネソタ大学システム全体のイニシアチブは、教務課、入試課、カレッジ、学科、五つのキャンパス、教員らのオフィスが提供するイニシアチブの取り組みに反映されています。すべての優先課題のコーディネーターの役割を担うE＆D推進部は、表10.1と表10.2に反映されている七つのプログラムオフィスとセンター、七つのイニシアチブによって構成されています。

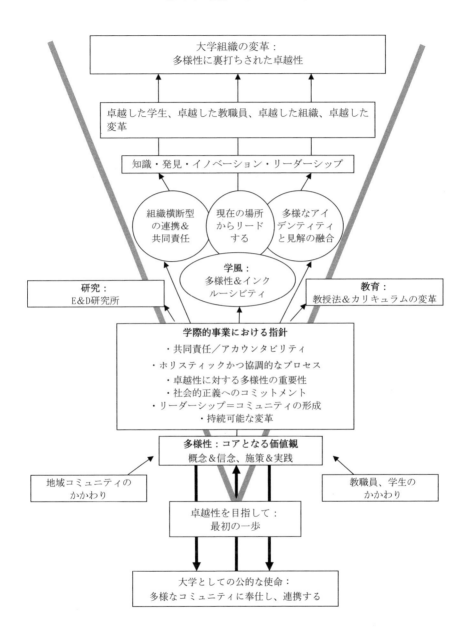

図10 .1　多様性と卓越性に向けた逆ピラミッド型大学モデル

表10.1　E&D 推進部の七つの関連オフィスとセンター

関連オフィスとセンター一覧	
障がい者リソースセンター（DRC） 学生、教職員、大学訪問者対象 DRC は、①学習の場、職場、ゲストの滞在先に対して合理的な便宜の決定と実施、②アクセスとインクルージョンに関する教育の提供、③物理的・技術的に有効なアクセスを確保するための大学関連オフィスとの連携、という三つの主要な方法で、障がい者のアクセスを改善することに努めています。 ウェブサイト：https://disability.umn.edu	**紛争解決オフィス（OCR）** 教職員、学生スタッフ対象 OCR は、労使に関連したなんらかのトラブルがあった本学の非組合員の教職員および学生に対し、公式・非公式による紛争解決のサービスを提供しています。また、OCR は、秘密厳守によるコンサルテーション、ファシリテーション、調停もおこないます。より本格的な労働紛争については、ピアによるヒアリングもおこなっています。 ウェブサイト：https://ocr.umn.edu
ジェンダー＆セクシュアリティーセンター（GSC） 学生、教職員、卒業生対象 GSC は、学生、教職員、卒業生に、関連の教育、アドボカシー、アウトリーチ、サポートを提供しています。GSC は、ジェンダーとセクシュアリティに関してより包括的な理解が生まれ、すべての人が帰属意識を感じられるキャンパス風土の創造に努めています。 ウェブサイト：https://gsc.umn.edu	**機会均等＆アファーマティブ・アクション推進室（EOAA）** 学生、教職員対象 EOAA は、本学が連邦およびミネソタ州の公民権法および規制、ならびに本学の機会均等ポリシーに遵守していることを保証します。EOAA は、差別、ハラスメント、縁故採用、性的不品行、関連する報復などのレポートに対し、調査、コンサルテーション、教育を通じて対応しています。 ウェブサイト：https://eoaa.umn.edu
学問的卓越性推進多文化センター（MCAE） 学部生対象 MCAE は、教育支援プログラム、地域社会への参加、社会的に恵まれない地域出身の学生の学業をサポートする活動を通じて、学生を支援しています。 ウェブサイト：https://mcae.umn.edu	**女性センター** 学生、教職員、卒業生対象 女性センターは、①リーダーシップ・プログラム、ワークショップ、コンサルテーションを提供し、②女性に奨学金、関連組織、同僚を紹介し、③政策ならびに実地での組織の変革を提唱することで、女性の学生、教職員、卒業生の平等を推進しています。本学の女性センターは、キャンパスを拠点とするこの類の組織としては全米初のセンターです。 ウェブサイト：https://womenscenter.umn.edu
ビジネス・地域経済開発オフィス（OBCED） 学生、教職員、地域住民対象 OBCED は、社会的に恵まないグループ出身のビジネス・オーナーに機会を創出するプログラムを通じて、地域社会における社会経済的なエンパワーメントを促進しています。また、医療へのアクセスにおける格差の是正に取り組む学生に奨学金やコンサルティングの機会を提供し、IT へのアクセスと知識を高めることでデジタル格差を是正することにも取り組んでいます。 ウェブサイト：https://obced.umn.edu	

表10.2　E&D 推進部の七つの関連プログラムとイニシアチブ

関連プログラムとイニシアチブ	
キャンパス風土イニシアチブ 学生、教職員対象 キャンパス風土イニシアチブは、ツィンシティ・キャンパスの戦略立案のプロセスを通じて、2014年に喫緊の課題として浮上しました。キャンパス・パートナーとの連携のもとで、すべてのコミュニティメンバーが尊重される、インクルーシブなキャンパスづくりを目指しています。 ウェブサイト：https://campusclimate.umn.edu	**公平性＆多様性教育プログラム** 学生、教職員、卒業生、地域住民対象 同プログラムでは、学生、教職員、卒業生、地域住民を対象とした、公平性と多様性に関する包括的なワークショップや研修プログラムを提供しています。同プログラムによる認定証付プログラムでは、参加者が公平性と多様性を推進するために必要なツールを学び、プライベートと仕事のあらゆる面で応用することができます。 ウェブサイト：https://oeded.umn.edu
カレッジ MADE（多文化的アクセス、多様性、公平性）イニシアチブ 教職員、大学管理職者対象 カレッジ MADE（College MADE）は、各カレッジに対し、多様性を象徴する人材を増やし、キャンパス風土を改善し、DEI の卓越性をキャンパス全体で促進するために、連携し、データにもとづいたアプローチを提供します。本イニシアチブは、ミネソタ大学システム全体におけるキャパシティビルディングを目指しており、各キャンパス、大学の管理組織、その他のセンター等も該当します。 ウェブサイト：https://diversity.umn.edu/collegemade	**多様性・公平性・アドボカシー研究所（IDEA）** 教員向け IDEA は、ミネソタ大学所属の研究者が、分野、学部、カレッジ、キャンパスを超えた共同研究を遂行することをサポートします。IDEA は、教員同士、および教員と地域社会とのより強い連携をうながすことで、新しい研究の開発を支援し、教員の定着と多様性の向上に努めています。 ウェブサイト：https://idea.umn.edu
コミュニティ・アウトリーチ（CORE）プログラム 大学進学見込み者対象 本プログラムでは、大学進学希望の多文化的背景をもつ学生とミネソタ大学がつながることで、学生、その家族、その学生が住むコミュニティをエンパワーし、そのコミュニティ全体の教育的かつ経済的目標を達成することをサポートしています。 ウェブサイト：https://core.umn.edu	**ノーススター STEM アライアンス** 学部生対象 ノーススター STEM アライアンスは、ミネソタ州の16のカレッジと大学、そして二つのコミュニティ組織（ミネソタ科学博物館とミネソタハイテク協会）からなるパートナーシップで、STEM 分野への参加が十分でないグループの支援に取り組んでいます。同アライアンスは、マイノリティの学生の参加促進を目指したルイス・ストークス・アライアンス（Louis Stokes Alliance for Minority Participation）の活動の一部です。 ウェブサイト：https://northstarstem.org
多様性実践コミュニティ（DCoP）イニシアチブ 教職員対象 同コミュニティでは、教職員が個人としてだけではなく、専門的、技術的専門性を高めて、ミネソタ大学の E＆D の実践をしていくために革新的戦略を草の根レベルでつくり上げることをサポートしています。 ウェブサイト：https://dcop.umn.edu	

10.3.3.1　DEI をファシリテートする：ワークショップのトピック

　本学の優先課題は、キャンパス風土を改善し、大学コミュニティの誰もが本学で大切にされ、尊重されていると感じられるようにすることです。歓迎される風土の醸成には、帰属意識と自律心という、相互に関連し合う二つの要素が寄与していることがわかっています。帰属意識は、自分が尊重され、好意をもたれ、貢献できると感じられる空間やグループがあることから派生します。それに対し、自律心は、自分のアイデンティティや経験の核となる部分を損なうことなく、帰属意識を感じることから生まれます。

　高等教育機関として、私たちは教育を教職員、学生、そして管理職にとって成長と学びのための重要な手段として位置づけています。キャンパス風土を改善するための活動の例として、教職員を対象とした教育プログラムのワークショップや、教職員・学生を対象とした公平性と多様性のプログラム（認定証付）も提供しています。私たちが扱うトピックや内容の一部は以下の通りです。

- 暗黙の偏見とマイクロアグレッション❷に対応する（Part 1）

　ミネソタ大学は、職員、教員、学生の公平性と多様性を高めることに全力を注いでいます。この多様性には、有色人種、自身を女性と認識している人、障がい者、レズビアン、ゲイ、バイセクシュアル、インターセックス、トランスジェンダー、その他のアイデンティティをもつ人々をキャンパス全体で支援することが含まれます。そのため、私たちの日常生活において、暗黙の偏見やマイクロアグレッションの存在を認識し、対処することが不可欠です。このワークショップでは、暗黙のバイアスの概念と、それが教室や職場、社会環境にどのような影響を与えるかについて学びます。

- 話しづらい会話をナビゲートする

　このワークショップでは、公平性と多様性の仕事のもっとも重要な側面の一つである、話しづらい会話をナビゲートすることも取り上げます。公平性、多様性、社会正義をめぐる継続的な発展のプロセスにおいて、私たちは内省、注意深い傾聴、ニュアンスのある言葉、思慮のある問いかけを必要とする状況に多く遭遇することになります。このワークショップでは、①自分自身の引き金や活性化になるものに気づき、それに名前をつけること、②自分が良い意図でおこなってもネガティブな影響を及ぼしうることに気づくこと、③他者に影響

を及ぼす共感と積極的な傾聴スキルを開発すること、という3分野のスキルを紹介しています。

- **公平性と多様性における自身の役割**

「多様性は全員の日常的業務」だとすれば、自身の役割はいったい何でしょうか。この基礎編となるワークショップでは、公平性、多様性、社会正義をめぐる中核的な概念を参加者に紹介します。主なトピックは、基礎的な専門用語の学習、自分自身のアイデンティティの理解、偏見と抑圧についての探求、仕事のうえで味方となり擁護者となるための取り組み方などです。

- **検索・選考プロセスにおける暗黙のバイアスに対処する**

ミネソタ大学の各部局は、定期的に検索・選考プロセスに関与しています。大学として、入試、昇進、奨学金の決定、その他の選考プロセスにおいて、職員、教員、学生の多様性を高めることに尽力しています。このようなプロセスに暗黙の偏見が存在すると、この目標が阻害される可能性があります。そのため、このワークショップでは、学習者が暗黙の偏見に関する研究の幅広さに触れ、無意識の偏見や未検証の偏見から生じる誤解について理解を深めます。また、検索や選考プロセスにおける暗黙の偏見に対処するのに役立つ実践例やリソースについても紹介されます。

E＆D推進部主催のこのワークショップに加えて、医学部の DEI 推進室の同僚たちも、医学部教職員向けに同様のワークショップを開催しています。

- **マイクロアグレッションと不品行への対応** (Part 2)

マイクロアグレッションに対処するための第一歩は、マイクロアグレッションが起こったことを認識し、それがどのようなメッセージを送っているのかを分析することです。そして、マイクロアグレッションの影響にまつわる経験や気づきを説明する言葉を見出すことです。このワークショップでは、複数の生態学的な文脈の中で、マイクロアグレッションに対処するための実践的なアプローチに焦点を当てています。

10.3.3.2　DEI をオンラインでファシリテーションする

COVID-19のパンデミックとキャンパスの閉鎖により、私たちは教育・研修プログラムを提供するためのバーチャル・プラットフォームをつくることにな

りました。ECHO（Equity Certificate Hosted Online）は、E & D 推進部による公平性と多様性について学習するオンライン認定プログラムです。このプログラムは、上述のトピックと内容はそのまま活用しながら、資料の読み込み、ビデオ／オーディオクリップの視聴、グループディスカッションの参加という三つの学習活動で構成されています。これらの活動は、公平性と多様性の理解において私たちが学び成長する三つの方法、つまり、知的学習、感情的処理、スキルの実践を反映しています。

　アクティビティ 1：資料の読み込み—各 ECHO コースには、受講者が読むべき記事や情報が掲載されています。この資料は、学習分野の概念の知的理解をうながすことに重点が置かれています。

　アクティビティ 2：ビデオ／オーディオクリップの視聴—各 ECHO コースには、学習者が視聴できるビデオやオーディオクリップがあります。これらのビデオやオーディオクリップは、学習分野の感情的・知的理解に焦点を当てています。

　アクティビティ 3：グループディスカッション—各 ECHO コースでは、Zoom による 90 分間のオンラインディスカッションがおこなわれ、履修者はこれに参加することが義務づけられています。グループディスカッションでは、アクティビティ 1 と 2 の学習分野に関連した質問に答える形で、履修者同士の知識やスキルを共有します。

　個人的には、オンライントレーニングの教育学的限界については慎重であり、そのようなトレーニングの利点や影響を測定することが可能かどうか悩む一方で、教育やトレーニング・プログラムをオンラインで提供することで、私が想像していた以上にはるかに多くの大学コミュニティや有権者がアクセスできたことは否めません。COVID-19 パンデミックの期間中であったこと、そして、大学のあるミネソタでジョージ・フロイドが殺害された後、より教養を身につけようという個人的・集団的な動機が高まったことにより、受講者数は 1000％以上増加し、この原稿を執筆している時点でも増加の一途をたどっています。

10.3.4　組織の連携

　多様性がすべての人の日常業務に浸透していることを示すものとして、ミネソタ大学では、五つのすべてのキャンパスの同僚らが開発した教育やワークショップの機会が数多くあります。例えば、ミネソタ大学の国際交流事務局の核であるグローバル・プログラム＆ストラテジー・アライアンス（Global Program and Strategic Alliance, GPS）があります。「グローバル・コンピテンス」の定義について既に言及しましたが、この定義は、GPS のようなオフィスのミッションとビジョンを反映したものであり、DEI の仕事と並行し、かつ交差するものです。

　例えば、「カリキュラムとキャンパスの国際化」というイニシアチブでは、学生がグローバルな学習機会に備えるためのワークショップや、教授陣が教室で多文化間学習をファシリテーションできるようになるためのワークショップ、多文化間学習を最大化するための教育・学習空間における異文化間交流の活用術などが開催されています。ワークショップでは、以下のようなトピックを取り上げています。

　　・世界についての誤解を変える
　　・文化的コミュニケーション・スタイル
　　・教えるうえでの文化的自己認識
　　・文化的価値観のコラージュ
　　・クラスとグループの合意と期待の形成
　　・言語と文化のマッピング
　　・言語の偏見と言語的正義
　　・インクルーシブな教室づくりのための神経科学にもとづく戦略
　　・持続可能な開発目標を用いたグローバル学習のシナリオ　　など

　このような活動を持続させるためには、大学システム全体にわたる連携の構築、支援、整備に重点を置くことが重要です。私たちは、大学や地域社会のパートナーと協力し、大学システム全体で DEI を推進するための取り組みを特定し、実施し、維持してきました。協同することで、大規模で複雑な大学システム全体と地域社会における強みと能力をよりよく活用することができ、学

生、職員、教員、地域住民の成果を向上させる持続可能な取り組みにもつながります。以下は、その持続可能な連携による取り組みの事例です。

- カレッジ MADE（多文化アクセスと多様性と卓越性）イニシアチブ

　私たちの大学内にある代表的な多様性とキャンパス風土の目標をより可視化し、達成するためにも、データ主導型のアプローチを提供する、カレッジMADE イニシアチブが考案されました。このイニシアチブによって、大学システム内の各カレッジが、代表的な多様性を高め、キャンパス風土を改善し、キャンパス全体で DEI の取り組みを拡大しようという連携の構築につながっています。カレッジ MADE は、ミネソタ大学の戦略的パートナーシップやイニシアチブを活用しています。その一方で、各カレッジが、代表的な多様性を高め、キャンパス風土を改善することに関連した、カレッジ自らの使命にもとづく公平性と多様性の目標を設定し、表明し、達成するにはどうしたらいいのか支援しています。また、各カレッジがビジョンと行動の拠点であることを認識しており、その各カレッジのローカルな取り組みが、大学全体の組織変革にも影響を与えています。

　カレッジ MADE の主な目的は、カレッジ内およびカレッジ間で、公平性と多様性に向けた行動の主体性と緊急性を育むことです。カレッジ MADE では、ミネソタ大学が戦略的計画で示した多様性に関する野心的目標を達成するためには、各カレッジのリーダーシップ、コミットメント、協力、そして責任と説明責任の共有が不可欠であるという考えを推進しています。

　この目的を達成するため、カレッジ MADE は、ミネソタ大学のコミュニティの幅広い層の経験と専門知識を活用し、以下の方法を検討するよう各カレッジに呼びかけています。

(1) アクセスと機会を拡大し、学生、職員、教員の多様性を高める
(2) カレッジコミュニティの多様性と包摂性の風土の育成に関する課題を理解し対処する
(3) キャンパスに有益な社会変革をもたらすために、カレッジ、ミネソタ大学、外部コミュニティ間の連携を構築する

　本章を執筆している時点では、カレッジ MADE はツインシティ・キャンパ

スに限定されています。パートナーシップの精神にもとづき、E＆D推進部、機会均等＆アファーマティブ・アクション推進室 (Office for Equal Opportunity and Affirmative Action, EOAA)、人事部 (Office of Human Resources, OHR)、学部教育部 (Office of Undergraduate Education, OUE) のチームが、ツインシティにある17のカレッジの学部長やリーダーと面談し、各カレッジとツインシティ・キャンパスに関連するカレッジMADEのデータについて話し合い、各カレッジの目標や前年度の進捗状況を確認しています。また、次年度の計画についても議論します。各カレッジとのカレッジMADEによるミーティングの前には、簡単な事前打ち合わせがおこなわれ、その後、カレッジから選ばれた少数のスタッフとの簡単なミーティングもおこなわれます。カレッジMADEの取り組みは、全学的な取り組みである多様性実践コミュニティ (Diversity Community of Practice, DCoP) や、個人やグループで学内でおこなわれている「草の根」活動につながる、人とのつながりを主体とする「草の上」的な活動であることを意図しています。

- **多様性実践コミュニティの育成**

　実践コミュニティとは何なのでしょうか。実践コミュニティ (Community of Practice, CoP) は、特に大規模な組織において、共通の関心事をテーマにして形成されます。実践コミュニティは、メンバー間のつながり、交流、関係を促進することで、共通の問題や懸念に対処するのに役立ちます。さらに、実践コミュニティは、メンバーが実践的な仕事に取り組むために、仕事で培ってきたアイデア、ツール、情報、経験、活動の共有に焦点を当てています。

　多様性実践コミュニティ (Diversity Community of Practice, DCoP) は、ツインシティ・キャンパスで始まった、カレッジおよび事務組織の教職員による草の根レベルのコミュニティです。ミネソタ大学全体の全教職員対象に、Zoomを利用した月例ミーティングの案内も出しています。このコミュニティの目的は、個人的、専門的、技術的専門知識を開発・活用し、ミネソタ大学における公平性と多様性の目標を成功させるための革新的な戦略を共有することです。

　多様性実践コミュニティは、学内の多様性に関する研究者が、中心となる業務について互いにつながる必要性を感じたことから発展していきました。発足以来、同コミュニティのメンバーは当初の35名から800名を超える大学全体の

ネットワークにまで成長し、多様性、公平性、アクセス、正義に関心のあるミネソタ大学全システムからのメンバーを含むまでに拡大していきました。定期的に開催される大規模な会合、委員会、特別開催イベントでは、メンバーらが自分たちの活動を共有し、DEI 活動の改善に取り組むメンバーの経験からお互いに学ぶ機会を提供しています。

　多様性実践コミュニティの参加要件は、多様性、公平性、アクセス、正義に関心をもち、関わっていこうとするミネソタ大学システム全キャンパスの全教職員に開かれています。メンバーの中には、多様性の研究者もいれば、DEI 活動を最優先事項と考えて業務に携わっている、大学システム全体からさまざまな役割や立場にある教職員もいます。また、メンバーは、自分たちの現場の課題や検討事項を同コミュニティのミーティングで取り上げることで、議論したり、ブレインストーミングによる解決法の手立てを検討したり、フォローアップの実施について話し合います。そして、メンバーは、参加を通じて得た学びを、自分が所属する部署、プログラム、ユニット、キャンパスで活用しています。

　多様性実践コミュニティの目標は以下の通りです。

(1)　中心的活動の一つとして、多様性の目標、活動、実践に対する認識を高める

(2)　リソースを共有し、協力し合う

(3)　メンバーがイノベーションを起こし、リスクを伴う際には、互いにサポートし合う

(4)　ミネソタ大学システムのすべてのレベル（キャンパス、カレッジ、プログラム等）において、DEI のキャパシティとリーダーシップを開発する

　多様性実践コミュティのような、草の根レベルで学内で始まった組織が達成した具体的な DEI 活動の一例として、同コミュニティの小委員会は、新たな大学の運営方針や包括的な見直しがおこなわれているほかの方針についてそれぞれ見直すよう依頼されています。このように公平性という視点から見直すことは、大学の運営方針の設計と実施が、十分なサービスを受けられず疎外された個人やグループに与える影響を分析または診断し、その障壁を特定し、可能であればそれを排除するためのプロセスでもあります。同コミュニティは、毎

月会合を開き、提案された草案を検討し、以下のようなひとりまたは複数の個人またはグループに不利な影響を与える可能性を特定しています。例えば、民族、人種、宗教的表現、女性を自認する人々、明らかな障がいとそうでない障がいをもつ人々、さまざまな性別や性的アイデンティティをもつ人々、年齢、社会経済的に恵まれない人、退役軍人、有色人種、アメリカ・インディアンやその他の先住民族、または国籍、といったものです。

10.4　大学組織として DEI リーダーたちの集団の力を活用する

　集団行動とは、共通の目的を達成するために、知識、資源、労力を共有する人々によっておこなわれる行動のことを指します。多様性は全員の日常的業務であるというメッセージをシステム全体に発信した結果、多くのカレッジやユニットで DEI を職務内容やポートフォリオに書き入れる指導的立場の人材が現れてきたことは、いい意味での悩みの種ともいえます。なぜ悩みの種かというと、DEI という業務をサポートしてくれそうな、より多くの「人材」が増えてきたという安心感を生む一方で、これらのリーダーを育成するための教育やトレーニングの提供、業務の調整と重複のバランス、一貫したメッセージ（多様性は全員の日常的業務）を実現するためのコミュニケーション、リソースを共有するためのプラットフォームの開発、情報共有と目的達成のサポートを目指したミーティングの機会の提供など、新たな課題が出てきたからです。

　集団の力を活用するため、E & D 推進担当の副学長として、DEI を担うミネソタ大学全体のユニット、カレッジ、各キャンパスの学部長、学科長、副学部長、副学科長、プログラムリーダーらを招き、アドバイザリー＆コンサルティングのグループを立ち上げました。このグループは、ミネソタ大学 DEI リーダーシップ・コレクティブ（University of Minnesota DEI leadership Collective）と名づけられました。このグループの構成員であるリーダーたちは、毎月開催されるミーティングで教育的課題に取り組むだけではなく、プロフェッショナルとして成長を遂げました。そして、この定期的なミーティングを通じて、リーダーたちはミネソタ大学システム全体の新たな課題や懸念事項について意見交換や対話を育みました。以上のように、ミネソタ大学のリーダーたちは、仲間

同士で相談したり、難しいテーマについて話し合ったり、全学的な DEI イベントを計画するために意見を募る場をつくることで、集団の力を活用することができました。

まとめ

　本章では、文化的に多様な大学生のために教育活動をファシリテーションするという、ある大学の長年にわたる歴史のほんの一部を、できるだけ簡潔に紹介しました。ここで示した活動は、ミネソタ大学 E ＆ D 推進部の取り組みのほんの一部であり、すべてではありません。ミネソタ大学の多様性に関連したオフィス、プログラム、イニシアチブ、連携の詳細については、大学ウェブサイト（diversity.umn.edu）を確認してください。また、本章の内容だけでは、この多様性に関わる業務がどのようにおこなわれているかという、ダイナミックで多層的かつ多面的な現実を捉えることはできません。何を、どのようにすべきかを練り上げるプロセスにはつきものですが、絶え間ない会話、議論、意見の相違、交渉や調整をおこなうべき人間関係や官僚主義的組織、資源や資金の提案と要求といったことは、ここでは描ききれないほど多くある、目に見えないステップのほんの一部にすぎません。

　最後に、組織として多様性をファシリテーションするための重要なポイントをまとめて、本章の締めくくりとしたいと思います。

1.　教育ファシリテーションへの組織的アプローチを設計するうえで基本となるのは、①組織の目的、②組織のパラダイムまたは指針、③組織のプログラミング、④組織の連携という四つの要素です。

2.　リーダーシップが不可欠です。上級管理職にある者、特に学長・総長、最高教務責任者・プロボストによる理解と優先順位づけは、DEI の戦略目標を具体的に実行していくうえでもっとも重要となります。

3.　学長と直接に相談できる副学長、もしくは上級ダイバーシティ・オフィ

サーや主任ダイバーシティ・オフィサーなどの大学組織の上級管理職の任命は、組織の中心的な調整役として不可欠です。

4.　任命された上級管理職にある者は、模範となるような指導者でなければならず、できれば自らも優れた教育ファシリテーターでなくてはなりません。また、全米高等教育ダイバーシティ・オフィサー協議会（National Association of Diversity Officers in Higher Education, NADOHE）の職業実践基準に代表されるような、ふさわしい資質を有し、同協議会の「キャンパスにおける人種的公平性と反人種主義戦略を推進するためのフレームワーク」（https://www.nadohe.org/resources）を熟知していなければなりません。

5.　教育機関における多様性の価値は、教育機関の使命、ビジョン、価値観の中で明確に成文化され、教育機関の戦略計画の中で具体的に表明されなければなりません。

6.　高等教育機関の中核的使命である教育の精神に則り、教育研修プログラムは、教職員が教育のファシリテーションを学ぶために不可欠であり、適切な人員と資源を確保するべきです。ただ、パッケージ化された研修プログラムを宣伝する営利目的の業者には注意が必要です。このようなパッケージ化されたプログラムは、（業者がコンテンツのカスタマイズや新しいモジュールの作成に前向きでないかぎり）教育機関の特定の状況にとって理想的であるとは言い難く、学習目標の達成を保証するものでも測定可能なものでもありません。また、教育や研修の立案において有益なコンサルタントとなりうる専門家は、学外ではなく、所属する機関にいる教員であることも覚えておくとよいでしょう。

7.　戦略計画は、変化をもたらすというよりも、「棚上げされたまま」になっているような、ただ見栄えの良い見せかけのものだという懐疑的な見方がある一方で、優れた戦略計画というのは、学内外の関係者からの意見や参加を求めるものであり、地域の知恵を集約し、コミットメントと遵守をうながす真の方法であるといえます。ミネソタ大学システム全体の最新の戦略計画（https://

president.umn.edu/mpact-2025 参照）には、DEI の具体的な目標とターゲットが反映されています。

8.　真の戦略計画にとって重要なのは、その成果と影響を評価し、その進捗状況を関係者に報告することです。そうすることで、その戦略計画のアカウンタビリティが担保され、集団行動の意義が共有されます。

9.　教育のファシリテーションという大学全体の組織的業務は、単一のオフィス、ひとりの上級管理職担当者、または単一のプログラムによって達成することは不可能です。最初はそこから小さく始まったとしても、全員の日常業務となるように拡大していかなくてはなりません。そして、ほかのユニット、カレッジ、リーダーが教育や研修の負担を共有できるようキャパシティを増やしていくことが期待されます。ゆっくりと、しかし着実に、トレーナーを養成し、リーダーを育成していくことで、業務が「軽減」され、大学やシステムを超えて広がっていきます。

10.　変革的であること対見せかけだけであること。教育ファシリテーションの業務は、適切に実行されれば、人生を変革し、組織を変革するはずです。しかし、私たちが直面している課題は、一朝一夕で解決できるものではありません。そのため、キャッチーなキャンペーン、タイトルが魅力的なワークショップ、話がうまいスピーカーの招聘、見栄えの良いパンフレットの作成など、単に「流行」に乗り、一過性の「行動」への衝動に従うことは避けなければなりません。むしろ、持続可能な組織変革を実現するために、実践とプログラムに役立つような、エビデンスにもとづくパラダイムに軸足を置くことで、戦略的な連携の拡大を通じて活動を広めて、組織の目的を追求するべきです。

　以上の10項目だけで、組織のファシリテーションができるわけではもちろんありませんが、私自身の E&D 担当副学長の経験からこれらが特に有効であると考えています。本章ではミネソタ大学の DEI の取り組みの一部を紹介しました。今後、日本の大学において文化的多様性を活かしたファシリテーショ

ンを組織として推進しようとしている方々にとって、本章が少しでも参考にな
れば嬉しく思います。

（秋庭　裕子　訳）

訳者注

❶ 教育分野のシンクタンク機関であるカーネギー教育振興財団が定義した高等教育機関分
類。

❷ 無自覚な偏見と判断で、何気ない日常の言動で相手を傷つけてしまうこと。

参考文献

Bunch, W. (2022). *After the ivory tower falls: How college broke the American dream and blew up our politics--and how to fix it* (1st ed.) New York: William Morrow, an imprint of HarperCollins Publishers.

Henderson, P. H., Rous, P. J., & Hrabowski, F. A. III. (2019). *The empowered university: Shared leadership, culture change, and academic success.* Baltimore: Johns Hopkins University Press., https://doi.org/10.1353/book.67825.

Kezar, A., & Posselt, J. (Eds.). (2019). *Higher education administration for social justice and equity: Critical perspectives for leadership* (1st ed.). Routledge. https://doi.org/10.4324/9780429435140

Milem, J. F., Chang, M. J., & Antonio, A. L. (2005). *Making diversity work on campus: A research-based perspective.* Making Excellence Inclusive Series. Association of American Colleges and Universities.

Museus, S., Lee, N., Calhoun, K., Sánchez-Parkinson, L., & Ting, M. (2017). *The social action, leadership, and transformation (SALT) model.* National Center for Institutional Diversity and National Institute for Transformation and Equity. Retrieved from https://lsa.umich.edu/content/dam/ncid-assets/ncid-documents/publications/Museus%20et%20al%20(2017)%20SALT%20Model%20Brief.pdf

National Association of Diversity Officers in Higher Education (NADOHE) (2021). *A framework for advancing anti-racism strategy on campus.* Fort Lauderdale, FL: National Association of Diversity Officers in Higher Education.

あとがき

　多文化ファシリテーションの本を作る構想が本研究メンバーの間で具体化されたのは、新型コロナウィルス感染拡大よりも少し前のことでした。私たち研究メンバーは、多文化ファシリテーションに関する国内外の研修やワークショップの参加型調査をおこない、日本の大学教育という文脈に沿う有益な研修のあり方を整理したうえで、実際に研修を開発実施することを目指していました。そして、そのような研修において講師と参加者の方々がともに参照できる資料を作ることも目標としていました。パンデミックの影響もあり、目標までの道のりは予想以上に起伏の多いものとなりましたが、関連分野の国内外の先行研究を進めながらオンライン研究会を複数回実施することで、本書が取り上げた多文化ファシリテーションの理解と実践へのニーズの高まりを実感し、ゴールを見失うことなく進むことができました。

　本書の各章で取り上げたトピックを具体化することができたのは、オンライン研究会で出会った参加者の方々との活発なディスカッションによるところが大きいと感じています。さらに、参加者の方々からご意見やご経験、課題をうかがうなかで、授業や課外活動など学習現場での多文化ファシリテーションを豊かにするためには組織的な支援が欠かせないという視点も得られました。そのために、多文化環境を学びに活かすファシリテーターを育てるためにあるべき組織の姿について考察する章も取り入れることとし、ゲスト執筆者として近藤祐一先生とマイケル・ゴー先生をお迎えしました。

　本書の執筆者はみな、学習者を支えるファシリテーターとなるべく、日々自問自答し、チャレンジするなかで失敗しながらも、小さな成功体験を積んできました。そのため、多文化ファシリテーションとは何かということはみな、よくわかっているつもりでした。しかし、書きたいことのアイディアはたくさん出ても、書籍としてまとめるまでの道のりは簡単なものではありませんでした。ここまでたどり着けたのは、各執筆者の多文化ファシリテーションに対する熱意と、互いを尊重し合い学び合うチームワークがあったからです。まさに、本書は執筆者それぞれの多様性や強みを活かした学びの集大成となりました。

　本書の完成までには多くの方々にお世話になりました。各章の執筆者、そして、多文化ファシリテーションに関心をもち、私たち研究チームのオンライン研究会に参加いただき貴重なご意見を提供してくださった皆さまに感謝申し上げます。そして、本書の企画を前向きに検討いただき、出版まで丁寧かつ細やかなサポートをいただいた明石書店の安田伸さま、編集担当の森富士夫さまに、心よりお礼を申し上げます。

2023年10月

編著者　秋庭裕子・米澤由香子

執筆者紹介（執筆順、＊は編著者）

太田　浩（おおた・ひろし）　第1章
一橋大学教授

マイケル・ゴー（Michael Goh）　第2章、第10章
ミネソタ大学教授

中井　俊樹（なかい・としき）　第3章
愛媛大学教授

＊米澤　由香子（よねざわ・ゆかこ）　第4章
東北大学准教授

川平　英里（かびら・えり）　第5章
明治大学大学院博士後期課程

平井　達也（ひらい・たつや）　第6章
立命館アジア太平洋大学教授

＊秋庭　裕子（あきば・ひろこ）　第7章
東京学芸大学准教授

近藤　祐一（こんどう・ゆういち）　第9章
インカーネイトワード大学国際アドミッション アジア担当
立命館アジア太平洋大学元教授

多文化ファシリテーション
──多様性を活かして学び合う教育実践──

2023年11月10日　初版第1刷発行

編著者	秋 庭 裕 子
	米 澤 由 香 子
発行者	大 江 道 雅
発行所	株式会社 明石書店
	〒101-0021　東京都千代田区外神田6-9-5
電　話	03（5818）1171
ＦＡＸ	03（5818）1174
振　替	00100-7-24505
	https://www.akashi.co.jp
装丁	明石書店デザイン室
印刷・製本	文化カラー印刷株式会社
製本	協栄製本株式会社

（定価はカバーに表示してあります）　　　　　　　　　　　ISBN978-4-7503-5665-5